Traduit et adapté de l'italien par Marion Spengler

Titre original : *La storia degli animali a fumetti, INSETTI*

Textes : Renato Massa
Scénario BD : Marco Madoglio – Dessins BD : Paolo Antiga
– Couleurs BD : Federico Pietrobon
Mise en page BD : Gianluca Covelli
Schémas des pages 46-47, 60-61 : Daniela Blandino
Composition de la partie scientifique : Graphic Srl, Milan

Crédit photos et illustrations :
Ivan Gavryliuk : fig. 1 ; Rens Korver – The Netherlands : fig. 2 ; Giannandrea Boiani : fig. 3 ; Justfordream : fig. 4 ; Archives des éditions Jaca Book : fig. 5, 11, 21, 22 ; Leslie Vella : fig. 6 ; Carlo Colomba – http://www.flickr.com/phtos/lorca : fig. 7 ; Bill and Mark Bell : fig. 8 ; Egisto Mannini : fig. 9 ; Jeremy Royall : fig. 10 ; Massimo Bontempelli : fig. 12 ; Chris Miniane : fig. 13 ; Matthias Taga : fig. 14 ; Ingrid de Villiers : fig. 15 ; Steven T. Zydek : fig. 16 ; Stefano Barzizza : fig. 17 ; Anthony Caffery : fig. 18 ; Matthew Mao Zhang : fig. 19 ; Avi Ben Zaken : fig. 20 ; Steve Peters : fig. 23 ; Benedetto Tozzi : fig. 24 ; Katrhyn Aaker : fig. 25 ; Raffaele Oppo : fig. 26

Pour l'édition française :

15, rue Soufflot, 75005 Paris

ISBN : 978-2-7381-2860-7

www.odilejacob.fr

Composition : Nord Compo – Impression et reliure : Grafiche Flaminia SrL, Foligno (Perugia)
Dépôt légal : 2012 – N° édition : 7381-2860-X
Achevé d'imprimer en Italie en 2012

L'HISTOIRE DES ANIMAUX EN BANDES DESSINÉES

LES INSECTES

Renato Massa
Scuola del Fumetto (Milan)

Odile Jacob

AVANT-PROPOS

Le vieux naturaliste que je suis se demande parfois comment sa relation privilégiée avec les animaux a commencé. « Ils sont tellement beaux ! », suggérerez-vous. Cette réponse n'est malheureusement pas suffisante : les plantes et les champignons sont, eux aussi, magnifiques. Et pourtant, ils ne suscitent pas une telle émotion et un tel enthousiasme. « Ils sont en interaction les uns avec les autres ; ils possèdent un système nerveux qui leur permet de réagir... », proposerez-vous alors. Cet argument a déjà plus de poids, mais ne me satisfait pas totalement. Dans le monde actuel, en effet, il y a toutes sortes d'interactions et, pourtant, rien qui ne nous fascine autant que les animaux.
Cela dit, les interactions sont différentes chez les animaux : elles fabriquent des histoires. À tel point qu'elles sont à l'origine des termes « histoires naturelles » dont l'emploi a dépassé son champ d'application initial : la vulgarisation scientifique. En effet, les histoires d'animaux sont tout à la fois scientifiques, littéraires et émouvantes. Ce sont des ébauches de récits, voire des récits à part entière, de la première ligne à la formule finale : « Et ils vécurent heureux jusqu'à la fin de leurs jours... »
Ces épisodes de la vie animale qu'on retrace à partir de documents quelquefois incomplets, mais toujours riches et significatifs, nous ouvrent donc la porte d'un univers interactionnel, mais aussi très narratif. Un univers avec des bons et des méchants, des gendarmes et des voleurs, des alliés et des ennemis, des proies et des prédateurs, des parasites et des habitants.
Dans ce livre, nous avons voulu vous faire découvrir certaines de ces histoires, persuadés que leur déroulement et leur issue ne vous laisseraient pas indifférents, vous, jeunes lecteurs, mais aussi vous, lecteurs de tout âge et de toute origine.
Disposant d'une telle richesse d'acteurs de premier et second plans et d'une telle variété de comportements et de morphologies, nous avons souhaité l'exploiter au mieux en optant pour la technique de la bande dessinée, qui a le mérite de nous plonger instantanément dans la vie des animaux. C'est dans cet état d'esprit que nous nous sommes mis à raconter ces saynètes, en ignorant souvent d'ailleurs la façon dont certaines allaient se terminer, et nous espérons que vous les lirez avec beaucoup de plaisir !

Entebbe, Ouganda.
Ah, te voilà, Kumar ! Que regardes-tu ?
Ce scarabée, Professeur Bassuta... Que fait-il ? Il ne joue tout de même pas au ballon ?
Non, non ! Il transporte une boule d'excréments qu'il a formée.
Quoi ?! Quelle horreur !
Cela te dégoûte peut-être mais c'est le régal de ses larves.
Des excréments ?
Et alors ? Cette nourriture leur apporte beaucoup de nutriments.
Comment supportent-elles l'odeur ?
On ne peut pas se mettre à leur place mais je suis sûr que, pour elles, ça a une odeur positive.
Comme un bon petit plat cuisiné à peine sorti du four pour toi.
Mmmm...

FIGURE-TOI QUE LE TRAVAIL SPÉCIFIQUE DE CES SCARABÉES BOUSIERS EST CONNU DEPUIS L'ÉGYPTE ANTIQUE.
LE SCARABÉE ÉTAIT SACRÉ EN ÉGYPTE, OÙ IL ÉTAIT IDENTIFIÉ AU DIEU KHÉPRI.
SACRÉ ! ET POURQUOI ?
ON N'EN CONNAÎT PAS LA RAISON EXACTE. SELON UN LÉGENDE, LE DIEU KHÉPRI AURAIT IMPLORÉ UN AIGLE DE NE PAS TUER UN LIÈVRE QUI LUI AURAIT DEMANDÉ SECOURS. MAIS, L'AIGLE AURAIT IGNORÉ LE SCARABÉE...
... ET MANGÉ LE LIÈVRE. HUMILIÉ, LE SCARABÉE AURAIT FAIT ROULER LES ŒUFS DE L'AIGLE ET LES AURAIT BRISÉS.
LE DIEU RÊ, SUPPLIÉ PAR L'AIGLE, AURAIT PORTÉ LES ŒUFS POUR LES SAUVER.
KHÉPRI AURAIT ALORS JETÉ UNE BOULETTE DE CROTTE SUR RÊ, QUI SE SERAIT LEVÉ ET AURAIT CASSÉ LES ŒUFS.

Tout ça est très intéressant, Professeur Bassuta, mais ces légendes correspondent à leur époque. Parlez-moi plutôt des vrais scarabées !
Tu as tort de te désintéresser des légendes, Kumar ! Tu sais, elles expriment l'âme et les désirs des hommes.

Bon, ce scarabée sacré est un coléoptère, une des 300 000 espèces de cet ordre d'insectes, qui compte le plus grand nombre d'espèces connues du monde animal.

Tu imagines donc aisément que dans un ordre aussi vaste que celui-là, on trouve de tout...

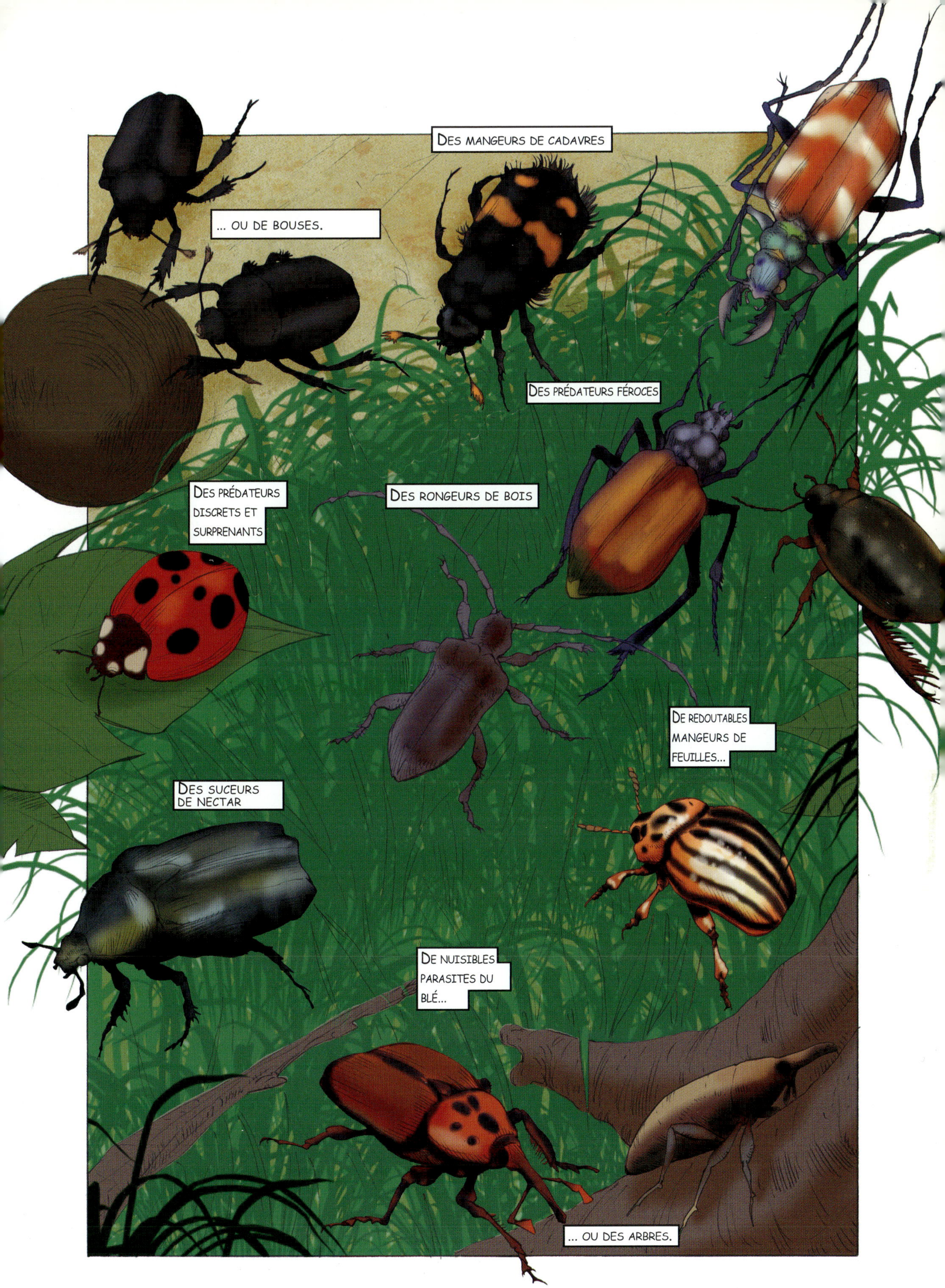

Des mangeurs de cadavres
... ou de bouses.
Des prédateurs féroces
Des prédateurs discrets et surprenants
Des rongeurs de bois
De redoutables mangeurs de feuilles...
Des suceurs de nectar
De nuisibles parasites du blé...
... ou des arbres.

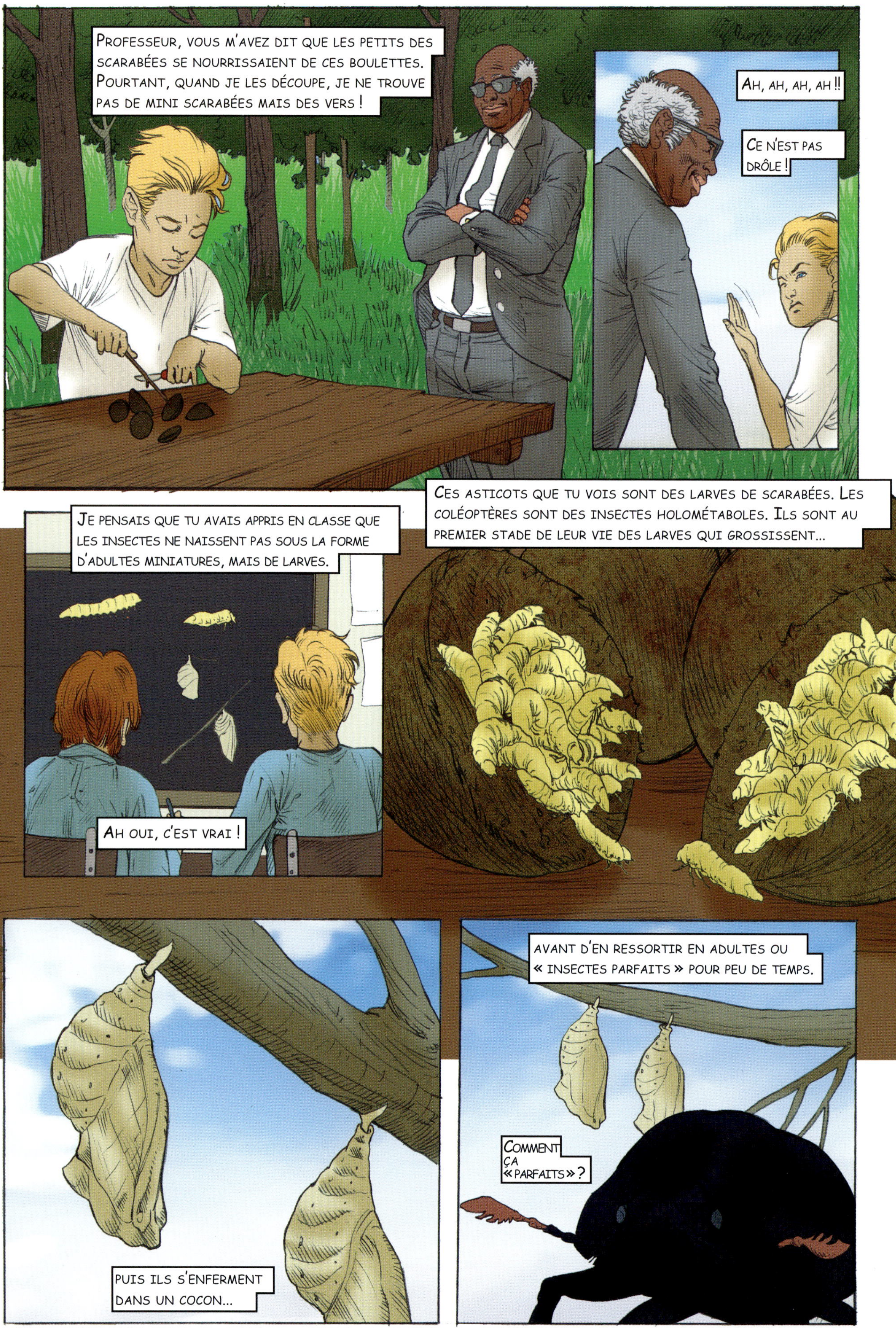

Professeur, vous m'avez dit que les petits des scarabées se nourrissaient de ces boulettes. Pourtant, quand je les découpe, je ne trouve pas de mini scarabées mais des vers !
Ah, ah, ah, ah !!
Ce n'est pas drôle !
Je pensais que tu avais appris en classe que les insectes ne naissent pas sous la forme d'adultes miniatures, mais de larves.
Ah oui, c'est vrai !
Ces asticots que tu vois sont des larves de scarabées. Les coléoptères sont des insectes holométaboles. Ils sont au premier stade de leur vie des larves qui grossissent...
Puis ils s'enferment dans un cocon...
Avant d'en ressortir en adultes ou « insectes parfaits » pour peu de temps.
Comment ça « parfaits » ?

Il ne s'agit pas de perfection au sens philosophique du terme : on entend par « insecte parfait » un adulte capable de se reproduire.
Ce n'est donc pas un critère de beauté ? Parce qu'il a un drôle d'aspect avec sa carapace !
Attention, ce que tu appelles « sa carapace » et qui protège effectivement le scarabée correspond en fait à ses ailes antérieures, les élytres, sous lesquelles se cachent ses ailes postérieures.
Antérieures, postérieures ? Le scarabée a donc deux paires d'ailes ?
C'est le cas de la plupart des insectes. Seuls les primitifs aptérygotes, certaines castes d'insectes sociaux ou les mâles ou femelles de telle ou telle famille n'en ont pas.
Regarde, le scarabée soulève ses élytres et déploie ses ailes...
... il décolle...
et s'envole en dépensant beaucoup d'énergie.

D'habitude, ils ne vont pas bien loin, tu sais. Regarde attentivement, Kumar...
Où est-il passé ? Je l'ai pourtant suivi des yeux mais il a disparu dans l'herbe.
Non, il s'est évaporé. Attendez, il y a quelque chose qui bouge ici !
Hé, une sauterelle !
Non; c'est un criquet et un des plus gros
Il est énorme : il doit faire 7 ou 8 cm !
Lui aussi se nourrit d'excréments ?
Non, pas du tout ! Celui-ci est un redoutable phytophage qui mange même nos cultures.
Tu as entendu parler des terribles invasions de criquets ravageurs ? Ils font parti de l'ordre des orthoptères sauteurs.
Sauteurs ?
C'est leur nom ! Tu ne vois pas ces sacrées pattes postérieures ?
Si, si, elles ont même des éperons !

CES ESPÈCES SAUTENT... ET LEURS SAUTS LES EMMÈNENT LOIN. C'EST AINSI QUE LES GRILLONS, SAUTERELLES ET CRIQUETS SONT ARRIVÉS À COLONISER TOUTES LES NICHES ÉCOLOGIQUES.
ILS SAUTENT, MAIS ILS VOLENT AUSSI, NON ?
BIEN SÛR ! ILS ONT DES AILES POSTÉRIEURES REPLIÉES DERRIÈRE LEURS AILES ANTÉRIEURES DROITES ET CORIACES.
COMME LES COLÉOPTÈRES ?
N QUELQUE SORTE, MAIS MOINS CUIRASSÉES. DISONS QU'ELLES ESSEMBLENT PLUS À UN ÉTUI QU'À UNE ARMURE MÉDIÉVALE.
ÉTANT PLUS LÉGERS, LES ORTHOPTÈRES VOLENT DE FAÇON PLUS DÉSINVOLTE. ILS VOLENT SUR QUELQUES MÈTRES, SOUVENT EN ZIGZAGUANT PUIS SE POSENT ET SE CAMOUFLENT DANS LA VÉGÉTATION.
CERTAINES ESPÈCES DE CRIQUETS SE RÉUNISSENT EN IMMENSES ESSAIMS ET EFFECTUENT DE LONGUES MIGRATIONS EN DÉTRUISANT TOUTE LA VÉGÉTATION QU'ILS RENCONTRENT SUR LEUR PASSAGE.
MÊME DANS LA BIBLE ON Y FAIT ALLUSION COMME À UN TERRIBLE FLÉAU !

De grands criquets comme la famille des Pamphagidae ont réduit ou perdu leurs ailes et énormément restreint leur mobilité.
Certaines espèces sont devenues prédatrices ou, au moins, omnivores, comme les grillons, qui appartiennent à une autre famille de l'ordre des orthoptères sauteurs.
Les grillons ont évolué en insectes nocturnes, cachés sous les feuilles ou dans le sol. On les voit moins que les criquets, mais on entend plus souvent leurs vibrations.
Leur chant est caractéristique des forêts tropicales.
Certains grillons tropicaux telle la famille Brachytrupes stridulent d'une façon incroyable.
Tous les orthoptères sauteurs sont chassés par de nombreux animaux et certains par des hommes !

TU N'AS JAMAIS VU LES CRIQUETS EN VENTE SUR LES MARCHÉS OUGANDAIS ?
NON, JAMAIS.
ON LES VEND SÉCHÉS OU FRITS. ILS SONT RICHES EN PROTÉINES.
MOI, JE N'EN MANGERAI JAMAIS DE MA VIE !
ÇA, TU N'EN SAIS RIEN ! SOUVIENS-TOI DES CRIQUETS ENVOYÉS PAR DIEU AUX HÉBREUX DANS LE DÉSERT.
OUI, MAIS ÇA S'EST PASSÉ IL Y A 3 500 ANS ENVIRON. AUJOURD'HUI, ON A DE MEILLEURES CHOSES À MANGER, NON ?
DÉTROMPE-TOI ! LES CRIQUETS SONT EXCELLENTS. N'OUBLIE PAS QUE LA MAJORITÉ SE NOURRIT D'HERBES ET DE FEUILLES.
ET PUIS, ILS CONSTITUENT UNE NOURRITURE ÉCOLOGIQUE, CAR LA CHAÎNE ALIMENTAIRE NÉCESSAIRE À LEUR CROISSANCE EST TRÈS COURTE.
DONC, LES MANGER SERAIT UNE BONNE ACTION ?
OUI, SI TU LES COMPARES À CERTAINS AUTRES PRODUITS.
BOUH, JE NE SUIS PAS ENCORE PRÊT À FRANCHIR LE PAS !

OK, MAIS SACHE QUE L'HOMME N'EST PAS LE SEUL PRÉDATEUR DES CRIQUETS. IL Y EN A BIEN D'AUTRES ...
COMME LES OISEAUX DE PETITE, MOYENNE ET GRANDE TAILLE...
LES AMPHIBIENS DONT LES GRENOUILLES...
LES SAURIENS DONT LES LÉZARDS ET LES AGAMES...
LES MAMMIFÈRES : HÉRISSONS, TAUPES, BELETTES, RENARDS...
ET MÊME DES INSECTES TELLE LA MANTE RELIGIEUSE.

En résumé, les criquets sont présents dans toutes les prairies du monde et regroupent des milliers d'espèces.
Et c'est justement à cause de leur grand succès qu'ils sont chassés par cette impressionnante variété d'animaux que je viens de te citer.
Après l'éclosion des œufs, les petits criquets ressemblent aux adultes sauf qu'ils n'ont qu'une ébauche d'ailes. On les appelle les juvéniles.
Ces insectes qui se développent par une série de mues mais sans véritable métamorphose sont dits hémimétaboles.
Au fur et à mesure de leur croissance, les juvéniles ont les ailes qui poussent...
... et, un jour, leur saut se prolonge par un vol sur une courte distance et ils échappent ainsi au danger.
À part être un moyen de défense, le vol permet à différents insectes de se déplacer plus loin ou de trouver leur nourriture.

Comme ce petit...
... monarque !
Un Danaus chrysippus précisément, une des espèces les plus courantes d'Afrique.
Regarde la façon dont il aspire le nectar des fleurs ! Il a déroulé sa trompe à spirale qui est un prolongement des pièces buccales chez les papillons...
Grâce à leurs ailes composées de minuscules écailles colorées, les papillons sont les plus beaux insectes. Et puis, ils sont indissociables des fleurs qui les nourrissent.
On recense plus de 170 000 espèces dont 90 % sont nocturnes, souvent très petites et pas très belles à regarder...
... et 10 % sont diurnes et parfois splendides.

Pourquoi ont-ils les ailes divisées en deux ?
Non, ils ont quatre ailes reliées entre elles.
Quatre ? !
Oui, deux paires, comme la majorité des insectes.
Ça m'étonne. Je connais très bien les mouches : elles n'en ont que deux.
En apparence, mon garçon ! Les mouches ont en fait deux ailes bien développées et deux ailes réduites qui ne leur servent plus que de stabilisateurs de vol.
Les deux paires d'ailes sont bien visibles chez les abeilles ou les libellules.
Certains insectes n'ont plus qu'une paire d'ailes fonctionnelles. L'autre paire est devenue l'étui qui protège les premières, comme chez les coléoptères, les orthoptères et les hémiptères.
Les insectes ont donc dix membres en tout ? Six pattes et quatre ailes ?
C'est plus compliqué...

Tous les insectes ont six pattes. Cet élément les distingue des autres ordres de la classe des arthropodes — arachnides, crustacés, mille-pattes...
D'autres insectes appelés aptérigotes ont six pattes rattachées aux différents segments du corps, mais pas d'ailes.
Dans ce cas, d'où viennent les quatre ailes ?
Lors du développement de l'embryon, les ailes naissent à partir de plis cutanés. La cuticule ou peau du thorax se plisse, laissant apparaître une ébauche d'ailes.
Pour Ernst Haeckel, l'histoire de l'évolution d'une espèce se devine à partir du développement de l'embryon. Mais, pour l'apparition des toutes premières ailes, c'est très difficile...
Un jour ou l'autre, on finira bien par compren-dre com-ment elles sont apparues.
Ce qui complique la recherche, c'est que les insectes ont suivi des lignes évolutives diverses.
Les papillons forment la famille d'insectes qui vole le plus et qui a perfectionné ses ailes faites d'écailles qui se chevauchent.
Ce sont les seuls à symboliser l'image même de la beauté.

Les plus beaux spécimens vivent dans les régions tropicales. En Afrique, ils sont moins nombreux qu'en Amérique latine ou en Asie...
... mais on y trouve le Chrysiridia ripheus, un des plus beaux papillons avec ses couleurs de l'arc-en-ciel.
En Malaisie, on rencontre un ornithoptère vert vif dont les ailes font environ 20 cm d'envergure.
En Amérique du Sud, tu as le morpho, d'un bleu brillant, qui présente une envergure similaire.
En Europe aussi, les belles créatures ne manquent pas avec le machaon, l'apollon, les vanesses...
Même en Amérique du Nord, on recense de remarquables spécimens comme le fameux monarque ou le Danaus plexippus.

Les papillons sont donc de splendides insectes volants qui se nourrissent de nectar et sont présents sur tous les continents, n'est-ce pas ?
Tu ne dois pas oublier que les papillons, comme tous les insectes, passent la majeure partie de leur vie comme larve ou juvénile.
Oui, mais on peut ajouter une petite précision...
Les larves des papillons sont des chenilles phytophages depuis l'éclosion de l'œuf jusqu'à ce qu'elles s'enroulent dans un ruban de soie et deviennent des chrysalides.
Certaines chenilles de la famille des Lasciocampidae sont grégaire et peuvent faire disparaître les feuilles d'un arbre quand leur nombre augmente.
Par ailleurs, ces insectes sont couverts de poils urticants et la plupart des oiseaux refusent de les manger.
C'est pourquoi on en vient à les combattre avec des hélicoptères qui vaporisent des insecticides !
D'autres espèces ne mangent que les feuilles d'un certain type de plantes, comme la rose par exemple dont elles peuvent parfois empêcher la floraison.
Ces chenilles sont à leur tour la proie de nombreux animaux : insectes prédateurs, oiseaux, reptiles et amphibiens.

Toutes les chenilles ne sont pas poilues et urticantes, comme les Lasciocampidae. D'autres comme Selenia tetralunaria se dissimulent en imitant les branches...
... ou les fruits comme cette chenille morpho semblable à une baie.
... ou les feuilles fraîches comme la chenille du Castalius rosimon...
... ou sèches comme la Caligo beltrao. Adulte, ce papillon imite parfaitement la tête d'un hibou.
Certaines chenilles prennent même l'aspect d'un scorpion, comme la Stauropus fagi.

EH BIEN, CES PAUVRES CHENILLES ONT LA VIE DURE ! C'EST LE CAS DE TOUTES LES LARVES D'INSECTES ?
NON, CERTAINES FAMILLES ONT DÉVELOPPÉ DES STRATÉGIES D'ATTAQUE.
IL Y A DES LARVES D'INSECTES PRÉDATEURS TELS LES FOURMILIONS ET LES LIBELLULES QUI SE COMPORTENT DÉJÀ COMME DES PRÉDATEURS.
CES DEUX ESPÈCES SE RESSEMBLENT. C'EST LA MÊME FAMILLE ?
NON, NI LE MÊME ORDRE. LES FOURMILIONS APPARTIENNENT AUX NÉVROPTÈRES, LES LIBELLULES AUX ODONATES.
DE NOMBREUSES FAMILLES DE NÉVROPTÈRES RESSEMBLENT À DES ESPÈCES D'AUTRES ORDRES, COMME LE MANTISPE DONT LES AILES RAVISSEUSES PRÊTES À FRAPPER, BLESSER ET SAISIR RAPELLENT CELLES DE LA MANTE RELIGIEUSE.
CE MODÈLE DE PATTES DOIT ÊTRE TRÈS UTILE, CAR IL SE RETROUVE CHEZ LES CRUSTACÉS, NOTAMMENT CHEZ CELLES QUE L'ON APPELLE LES « CIGALES DE MER ».
ET LE FOURMILION, C'EST LE LION DES FOURMIS ?
TOUT À FAIT ! IL SE CACHE AU FOND D'UN CRATÈRE SABLONNEUX EN FORME D'ENTONNOIR...
... QUAND UNE FOURMI SE PENCHE, IL LUI JETTE DES GRAINS DE SABLE POUR LA FAIRE DÉGRINGOLER, PUIS LA SAISIT DANS SES PUISSANTES MANDIBULES ET LA MANGE.

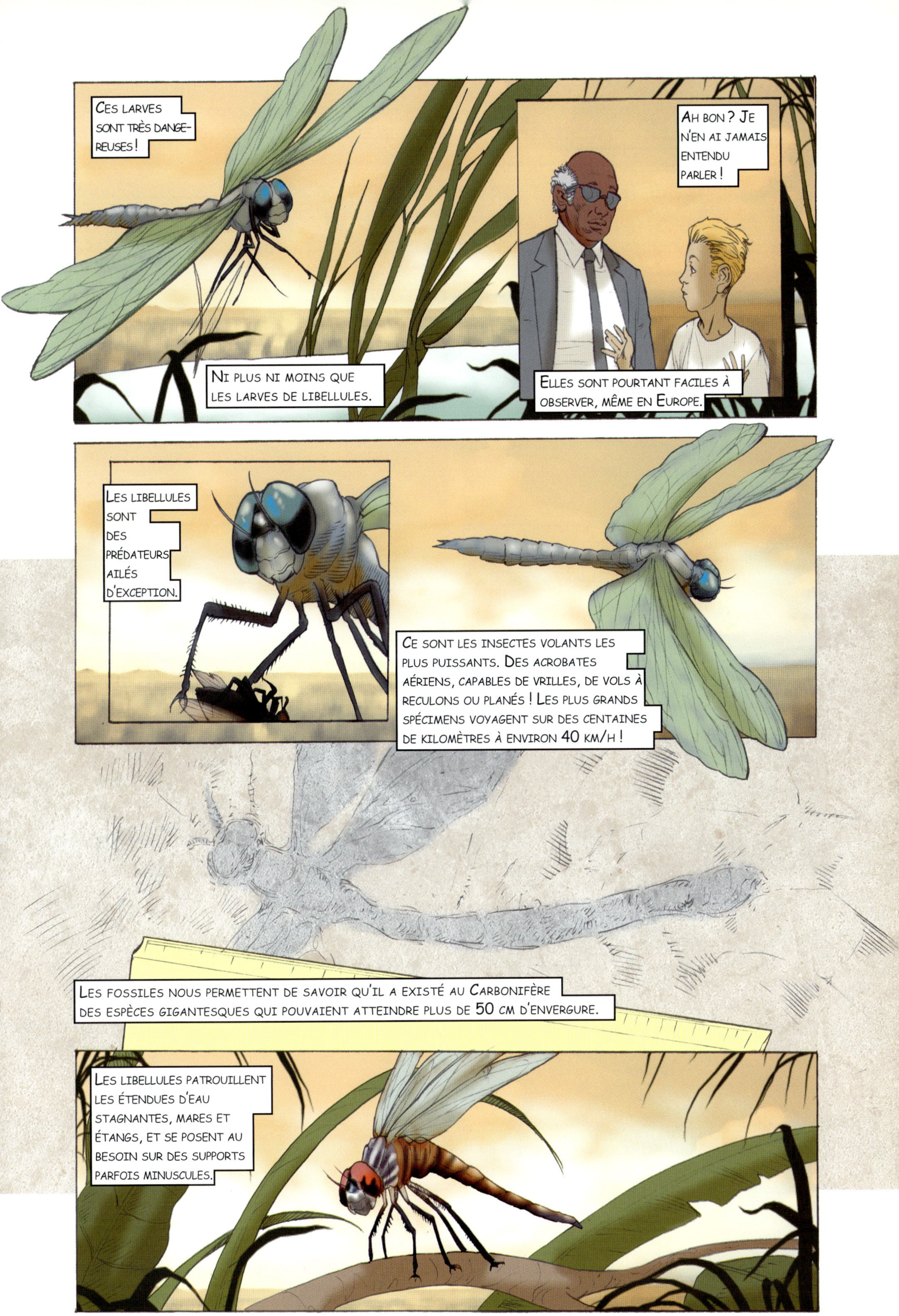

Ces larves sont très dangereuses !
Ah bon ? Je n'en ai jamais entendu parler !
Ni plus ni moins que les larves de libellules.
Elles sont pourtant faciles à observer, même en Europe.
Les libellules sont des prédateurs ailés d'exception.
Ce sont les insectes volants les plus puissants. Des acrobates aériens, capables de vrilles, de vols à reculons ou planés ! Les plus grands spécimens voyagent sur des centaines de kilomètres à environ 40 km/h !
Les fossiles nous permettent de savoir qu'il a existé au Carbonifère des espèces gigantesques qui pouvaient atteindre plus de 50 cm d'envergure.
Les libellules patrouillent les étendues d'eau stagnantes, mares et étangs, et se posent au besoin sur des supports parfois minuscules.

Au printemps, elles s'accouplent en formant un cœur par leurs appendices.
Ensuite, la femelle dépose ses œufs dans l'eau, la vase, le sable ou dans la tige d'une plante aquatique qu'elle transperce.
De l'œuf sort une larve nageuse.Elle n'a ni la couleur ni les ailes des adultes mais est carnivore comme eux.
Par sa lèvre inférieure agrandie, elle se nourrit de vers et crustacés.
Après plusieurs mues et lorsqu'elle a atteint sa taille maximale, elle grimpe le long de la tige
d'une plante pour sortir de l'eau...
... et subir sa dernière mue pour devenir une imago.

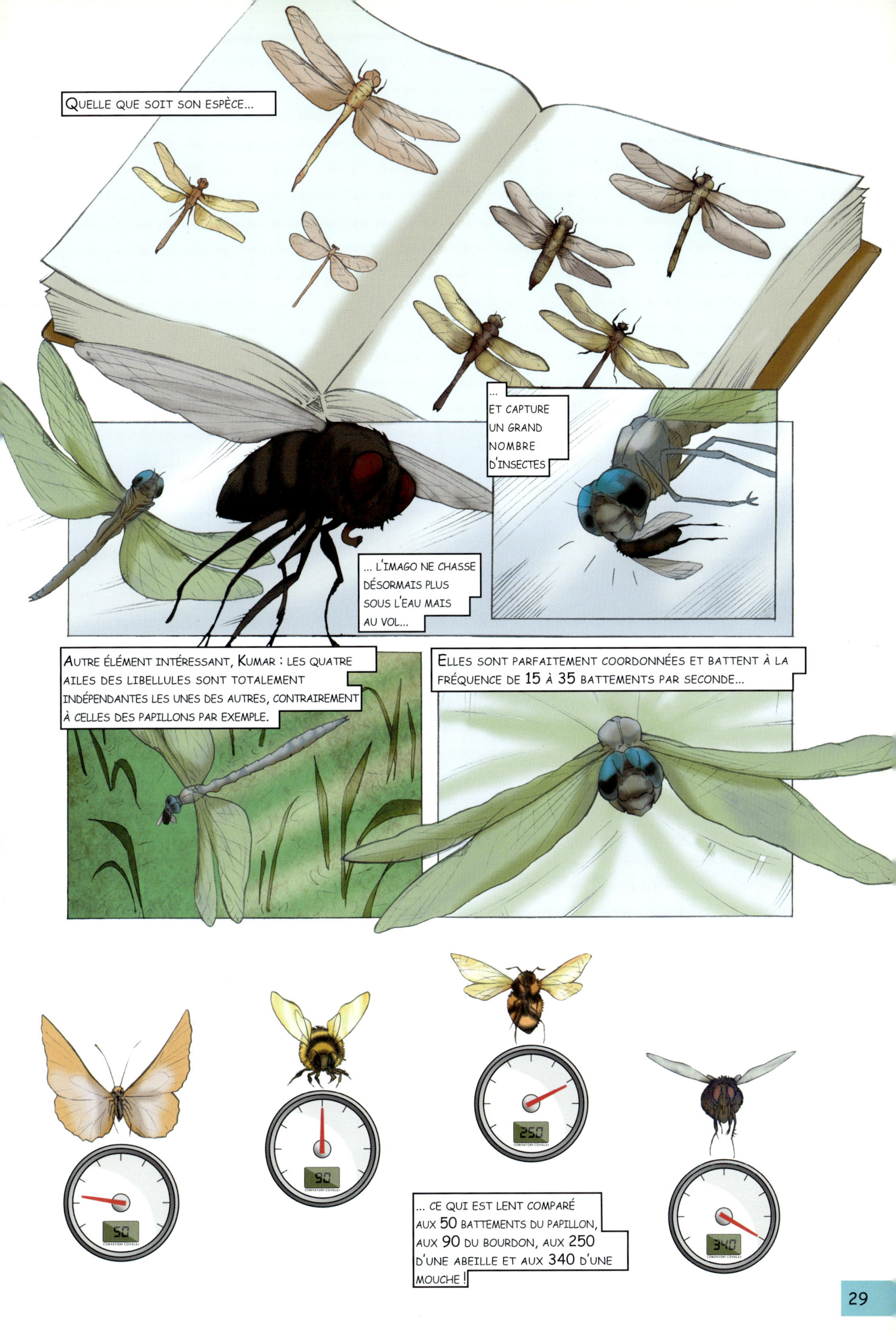
Quelle que soit son espèce...
... l'imago ne chasse désormais plus sous l'eau mais au vol...
... et capture un grand nombre d'insectes
Autre élément intéressant, Kumar : les quatre ailes des libellules sont totalement indépendantes les unes des autres, contrairement à celles des papillons par exemple.
Elles sont parfaitement coordonnées et battent à la fréquence de 15 à 35 battements par seconde...
50
90
250
340
... ce qui est lent comparé aux 50 battements du papillon, aux 90 du bourdon, aux 250 d'une abeille et aux 340 d'une mouche !

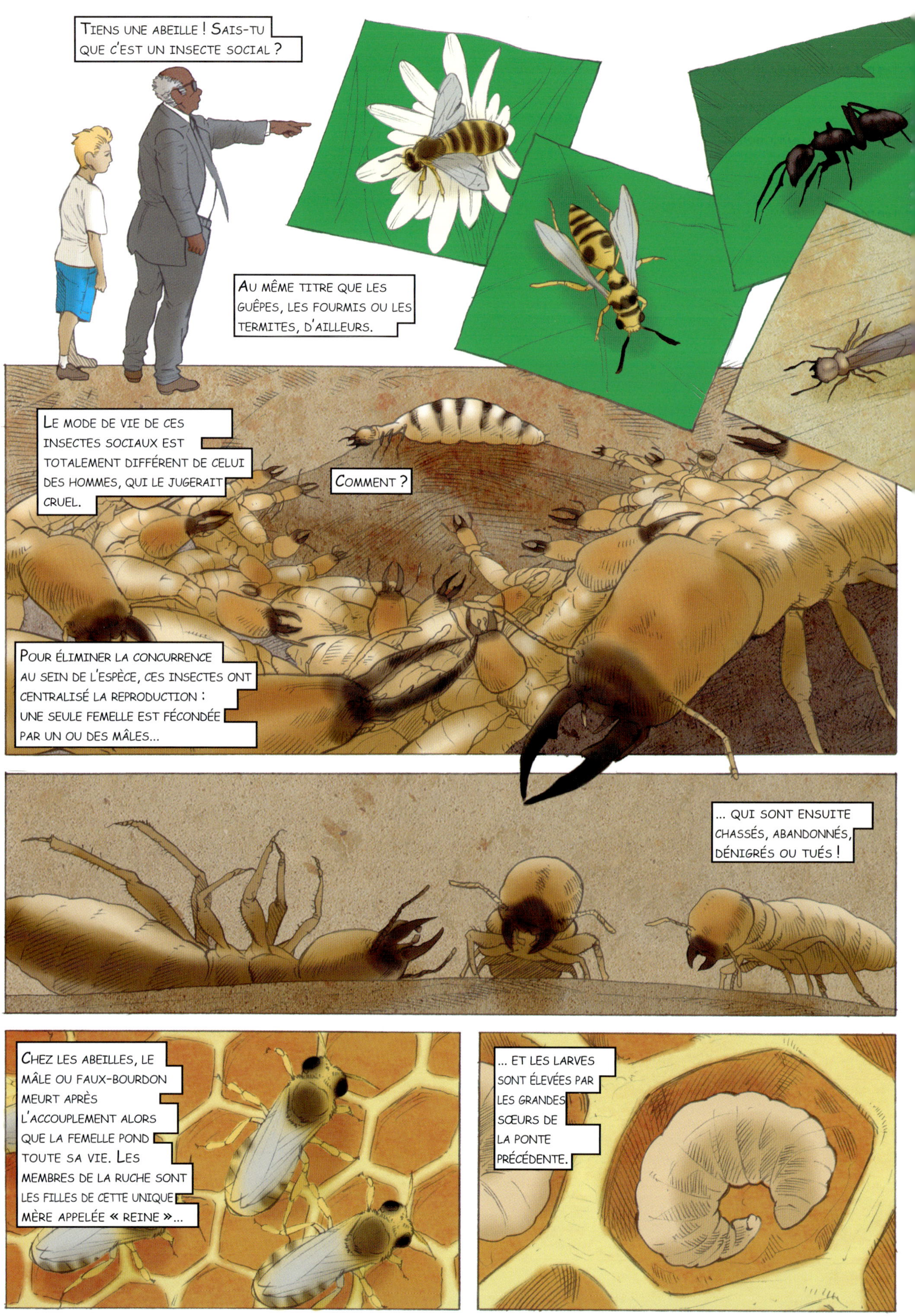
TIENS UNE ABEILLE ! SAIS-TU QUE C'EST UN INSECTE SOCIAL ?
AU MÊME TITRE QUE LES GUÊPES, LES FOURMIS OU LES TERMITES, D'AILLEURS.
LE MODE DE VIE DE CES INSECTES SOCIAUX EST TOTALEMENT DIFFÉRENT DE CELUI DES HOMMES, QUI LE JUGERAIT CRUEL.
COMMENT ?
POUR ÉLIMINER LA CONCURRENCE AU SEIN DE L'ESPÈCE, CES INSECTES ONT CENTRALISÉ LA REPRODUCTION : UNE SEULE FEMELLE EST FÉCONDÉE PAR UN OU DES MÂLES...
... QUI SONT ENSUITE CHASSÉS, ABANDONNÉS, DÉNIGRÉS OU TUÉS !
CHEZ LES ABEILLES, LE MÂLE OU FAUX-BOURDON MEURT APRÈS L'ACCOUPLEMENT ALORS QUE LA FEMELLE POND TOUTE SA VIE. LES MEMBRES DE LA RUCHE SONT LES FILLES DE CETTE UNIQUE MÈRE APPELÉE « REINE »...
... ET LES LARVES SONT ÉLEVÉES PAR LES GRANDES SŒURS DE LA PONTE PRÉCÉDENTE.

Les abeilles vivent-elles toutes dans des sociétés aussi complexes ?
Les insectes sociaux proviennent d'espèces non sociales. On recense de nombreuses espèces d'abeilles solitaires.
Et que font-elles, Professeur ?
Écoute cette histoire, tu vas voir... Un de mes amis avait mis ses cactus sur le rebord de sa fenêtre.
Un jour, il remarqua une abeille qui entrait dans le trou d'un pot. Il était accessible, car le pot était posé sur une grille.
L'abeille apportait des morceaux de feuille qu'elle taillait méticuleusement.
Elle creusait des galeries qu'elle tapissait avec les feuilles enroulées.
Mon ami réalisa alors que ces galeries étaient destinées à accueillir les œufs.

DANS CHAQUE POT DE CACTUS, UNE ABEILLE SOLITAIRE ŒUVRAIT. C'EST LÀ L'UNIQUE ASPECT SOCIAL DE CETTE ACTIVITÉ, TU COMPRENDS ?
LES CACTUS ÉTAIENT FRÉQUENTÉS PAR TOUTE UNE POPULATION D'ABEILLES SOLITAIRES QUI CONSTITUAIENT UNE SORTE DE COLONIE.
MON AMI M'A DIT QUE CES ABEILLES SOLITAIRES RESSEMBLAIENT AUX ABEILLES À MIEL, DONC À L'ESPÈCE SOCIALE, MAIS IL SE TROMPAIT.
VOIS-TU CES ABEILLES SOLITAIRES ONT UN CÔTÉ PRIMITIF... UN CÔTÉ « ABEILLES DES CAVERNES » !

LES GUÊPES, ELLES, SONT DIFFÉRENTES, MÊME SI ELLES RELÈVENT AUSSI DE L'ORDRE DES HYMÉNOPTÈRES.

LES GUÊPES SONT SOCIALES, MAIS LEURS COLONIES SONT PLUS PETITES ET MOINS COMPLEXES QUE CELLES DES ABEILLES.

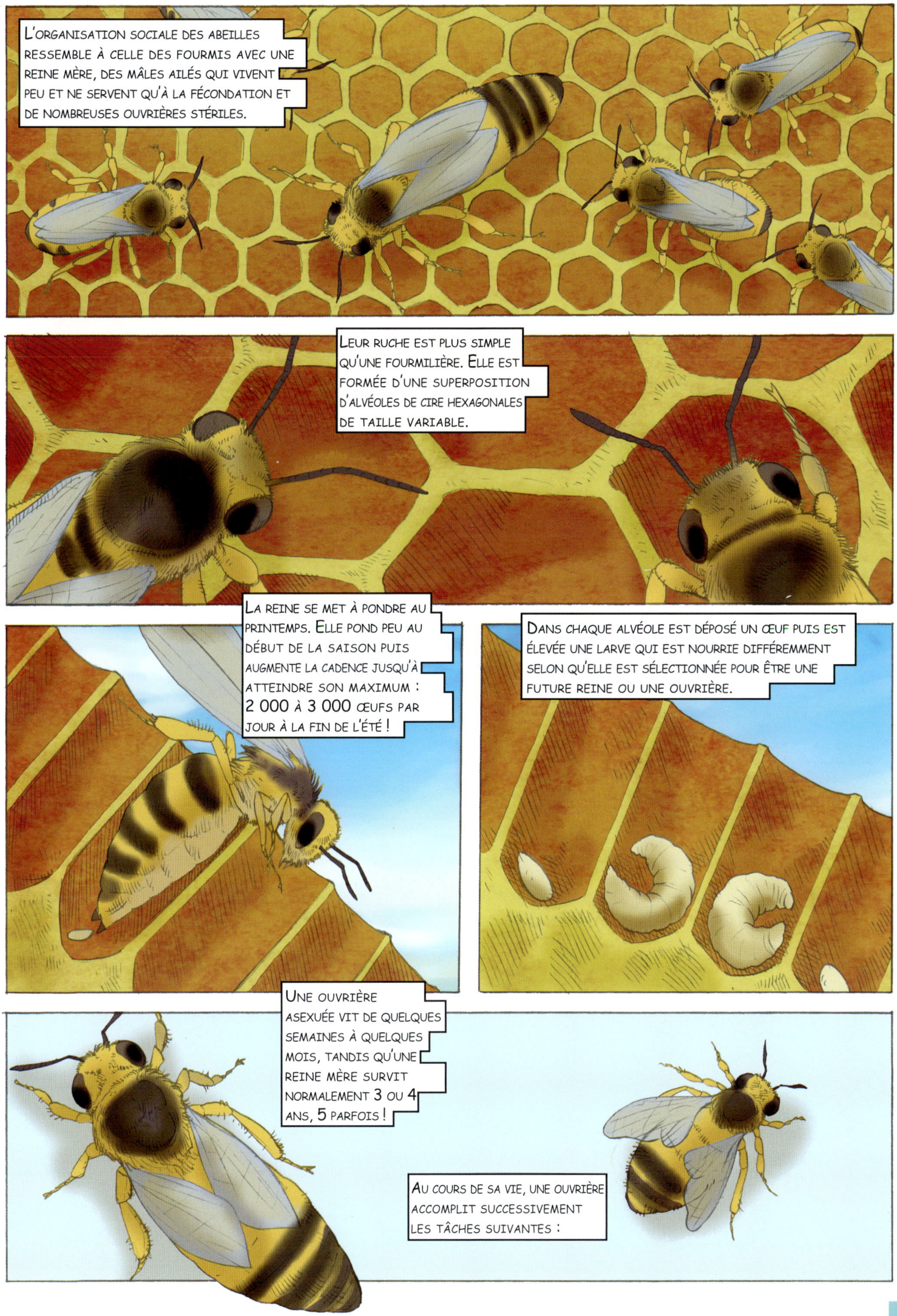
L'organisation sociale des abeilles ressemble à celle des fourmis avec une reine mère, des mâles ailés qui vivent peu et ne servent qu'à la fécondation et de nombreuses ouvrières stériles.
Leur ruche est plus simple qu'une fourmilière. Elle est formée d'une superposition d'alvéoles de cire hexagonales de taille variable.
La reine se met à pondre au printemps. Elle pond peu au début de la saison puis augmente la cadence jusqu'à atteindre son maximum : 2 000 à 3 000 œufs par jour à la fin de l'été !
Dans chaque alvéole est déposé un œuf puis est élevée une larve qui est nourrie différemment selon qu'elle est sélectionnée pour être une future reine ou une ouvrière.
Une ouvrière asexuée vit de quelques semaines à quelques mois, tandis qu'une reine mère survit normalement 3 ou 4 ans, 5 parfois !
Au cours de sa vie, une ouvrière accomplit successivement les tâches suivantes :

Première mission, elle nettoie les cellules vides du couvain et les prépare pour d'autres œufs.
Devenue la nourrice des larves, elle leur donne notamment la gelée royale qu'elle sécrète.
Puis ses glandes produisent la cire pour construire les alvéoles...
Elle écoule les déchets et bat des ailes pour chauffer la ruche.
Gardienne, elle repousse les intrus à coups de dard.
Et, enfin, dans les deux dernières semaines de sa vie, elle butine et récolte le pollen et le nectar.

Les abeilles communiquent-elles entre elles lors de la récolte ?
Elles possèdent un système de communication topographique efficace dont l'étude a valu le prix Nobel à Karl von Frisch.
L'abeille qui a découvert une zone de butinage l'indique à ses compagnes en effectuant une danse codée.
La butineuse, qui porte l'odeur de la fleur, danse en rond pour indiquer aux ouvrières une source de nectar proche de la ruche.
Pour une zone éloignée, elle décrit une figure en huit et l'entrecoupe d'un parcours rectiligne. Par cette ligne droite, elle donne l'axe à suivre.
Selon qu'elle décrit une ligne de bas en haut ou de haut en bas, la direction est celle du soleil ou l'opposé.
La vitesse de la danse et des frétillements, la durée et le rythme des bourdonnements précisent aux abeilles dites suiveuses la distance entre la ruche et le butin.
C'est pendant les deux dernières semaines de leur vie que les abeilles maîtrisent le mieux leur langage et sont les plus productives. Puis elles meurent et laissent la place aux jeunes.

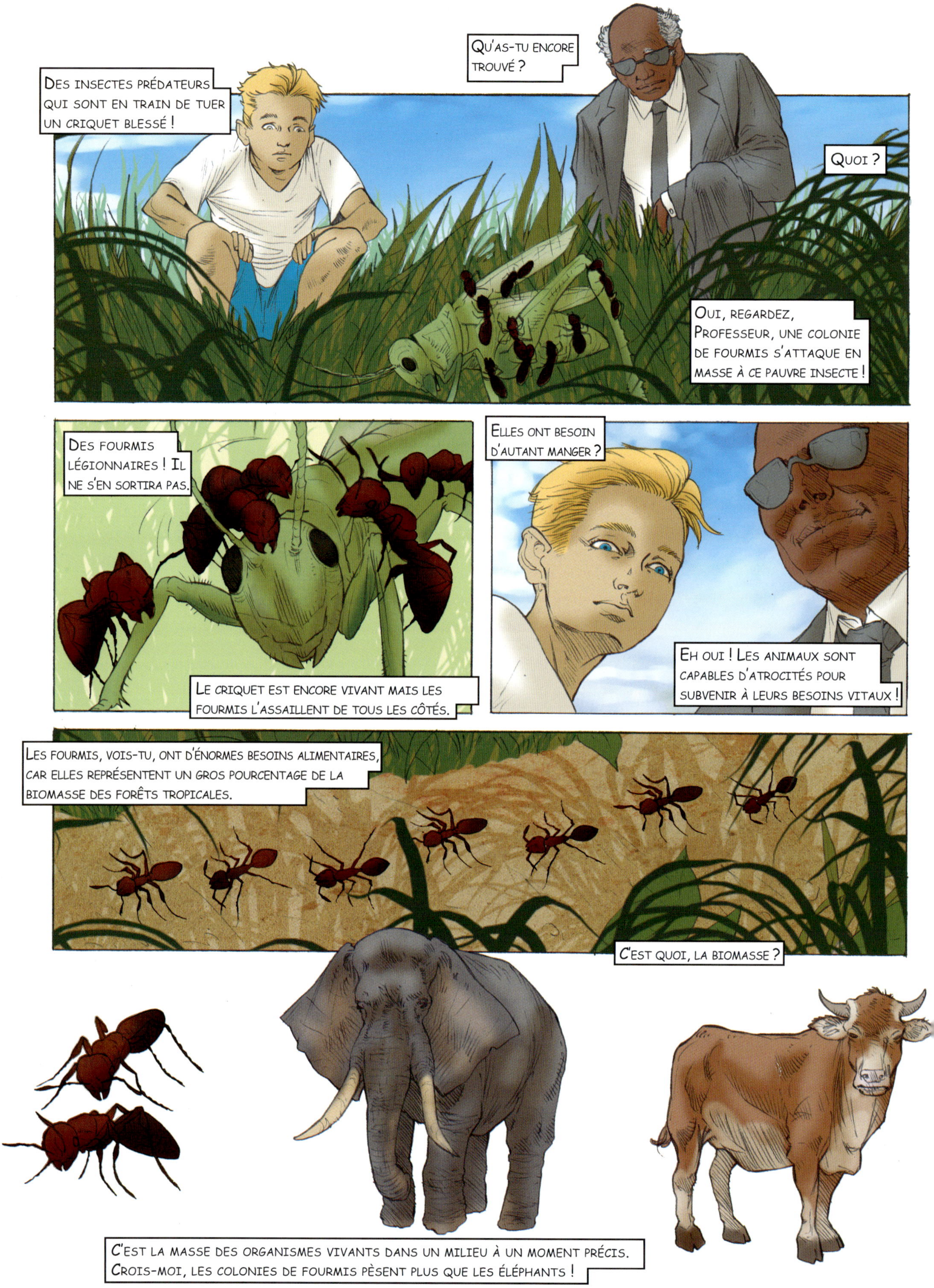
Qu'as-tu encore trouvé ?
Des insectes prédateurs qui sont en train de tuer un criquet blessé !
Quoi ?
Oui, regardez, Professeur, une colonie de fourmis s'attaque en masse à ce pauvre insecte !
Des fourmis légionnaires ! Il ne s'en sortira pas.
Le criquet est encore vivant mais les fourmis l'assaillent de tous les côtés.
Elles ont besoin d'autant manger ?
Eh oui ! Les animaux sont capables d'atrocités pour subvenir à leurs besoins vitaux !
Les fourmis, vois-tu, ont d'énormes besoins alimentaires, car elles représentent un gros pourcentage de la biomasse des forêts tropicales.
C'est quoi, la biomasse ?
C'est la masse des organismes vivants dans un milieu à un moment précis. Crois-moi, les colonies de fourmis pèsent plus que les éléphants !

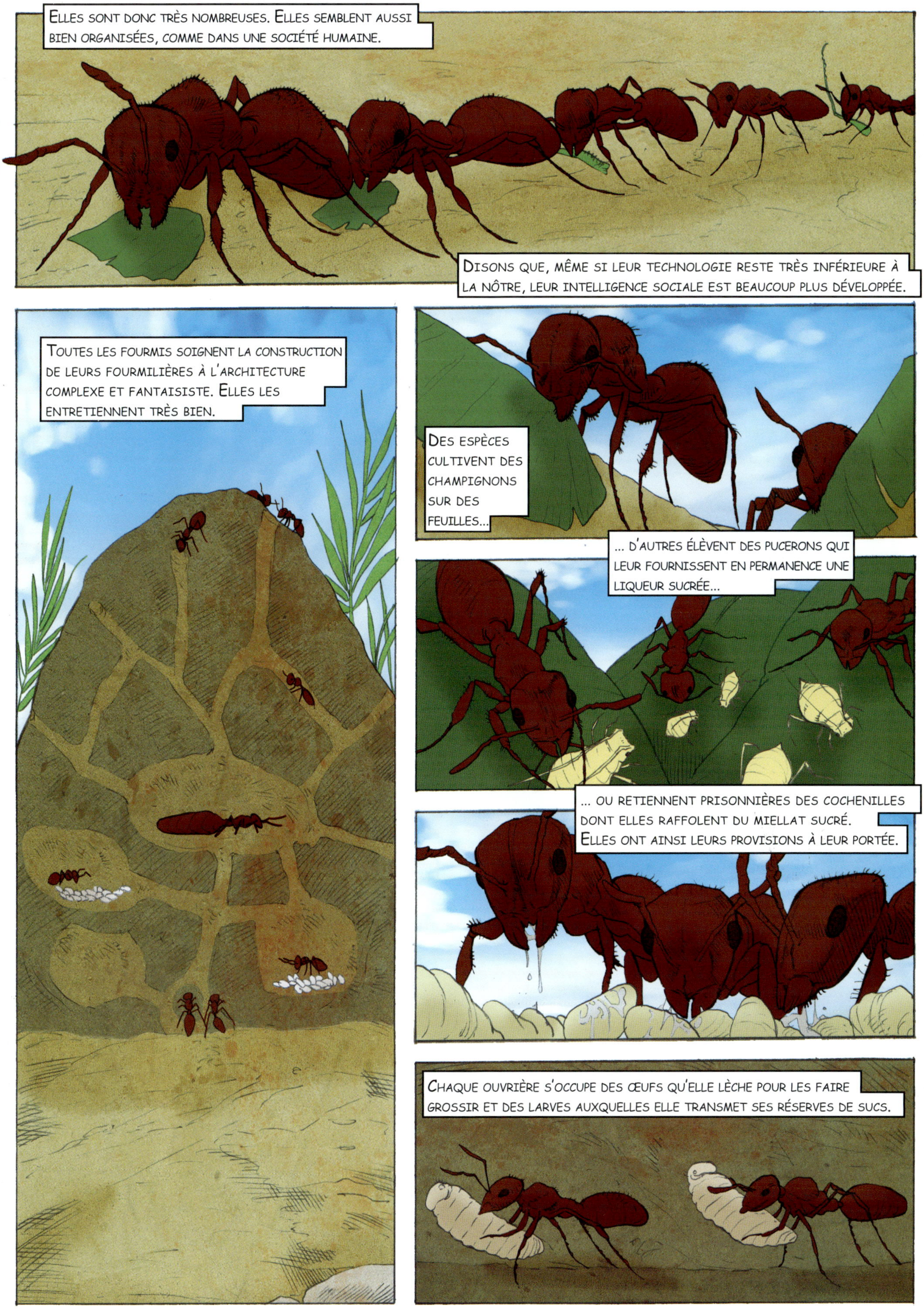
ELLES SONT DONC TRÈS NOMBREUSES. ELLES SEMBLENT AUSSI BIEN ORGANISÉES, COMME DANS UNE SOCIÉTÉ HUMAINE.
DISONS QUE, MÊME SI LEUR TECHNOLOGIE RESTE TRÈS INFÉRIEURE À LA NÔTRE, LEUR INTELLIGENCE SOCIALE EST BEAUCOUP PLUS DÉVELOPPÉE.
TOUTES LES FOURMIS SOIGNENT LA CONSTRUCTION DE LEURS FOURMILIÈRES À L'ARCHITECTURE COMPLEXE ET FANTAISISTE. ELLES LES ENTRETIENNENT TRÈS BIEN.
DES ESPÈCES CULTIVENT DES CHAMPIGNONS SUR DES FEUILLES...
... D'AUTRES ÉLÈVENT DES PUCERONS QUI LEUR FOURNISSENT EN PERMANENCE UNE LIQUEUR SUCRÉE...
... OU RETIENNENT PRISONNIÈRES DES COCHENILLES DONT ELLES RAFFOLENT DU MIELLAT SUCRÉ. ELLES ONT AINSI LEURS PROVISIONS À LEUR PORTÉE.
CHAQUE OUVRIÈRE S'OCCUPE DES ŒUFS QU'ELLE LÈCHE POUR LES FAIRE GROSSIR ET DES LARVES AUXQUELLES ELLE TRANSMET SES RÉSERVES DE SUCS.

Pourquoi les œufs sont-ils gardés par centaines dans un même lieu ?
Les œufs sont pondus par une femelle fécondée, qui crée lors de la ponte une fourmilière. Toutes les ouvrières stériles sont filles de cette « reine ».
Elles sont donc aussi toutes sœurs ?
Oui, dans les colonies à une seule reine. Celle-ci est alors la mère, la fondatrice et la matriarche. Mais il peut y avoir plusieurs reines.
Tout commence avec la naissance de mâles et de femelles ailés potentiellement féconds dans la fourmilière.
Les futures reines et les mâles des fourmis bouledogues (Myrmecia) quittent le nid pour effectuer en masse un vol nuptial à quelques mètres du sol.
Ils sont des milliers à voler, l'air en est saturé. C'est l'essaimage. Dès qu'ils retombent au sol ou sur un buisson, ils s'accouplent.
Il y a des centaines de mâles pour chaque femelle. Quand un mâle s'accouple avec une femelle, le couple est assailli par plusieurs autres mâles qui luttent pour s'accoupler. Ils forment tous un amalgame.

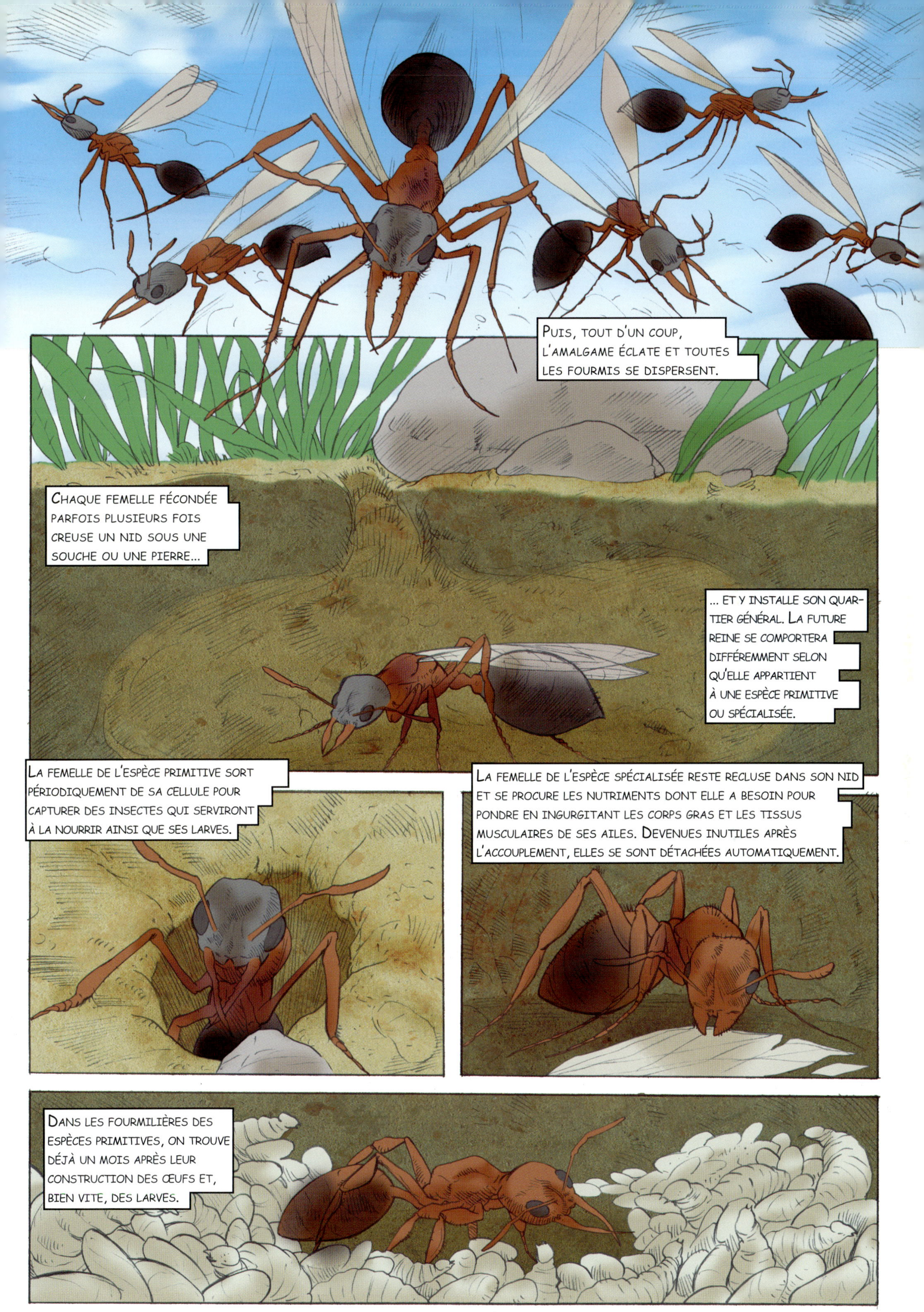
PUIS, TOUT D'UN COUP, L'AMALGAME ÉCLATE ET TOUTES LES FOURMIS SE DISPERSENT.
CHAQUE FEMELLE FÉCONDÉE PARFOIS PLUSIEURS FOIS CREUSE UN NID SOUS UNE SOUCHE OU UNE PIERRE...
... ET Y INSTALLE SON QUARTIER GÉNÉRAL. LA FUTURE REINE SE COMPORTERA DIFFÉREMMENT SELON QU'ELLE APPARTIENT À UNE ESPÈCE PRIMITIVE OU SPÉCIALISÉE.
LA FEMELLE DE L'ESPÈCE PRIMITIVE SORT PÉRIODIQUEMENT DE SA CELLULE POUR CAPTURER DES INSECTES QUI SERVIRONT À LA NOURRIR AINSI QUE SES LARVES.
LA FEMELLE DE L'ESPÈCE SPÉCIALISÉE RESTE RECLUSE DANS SON NID ET SE PROCURE LES NUTRIMENTS DONT ELLE A BESOIN POUR PONDRE EN INGURGITANT LES CORPS GRAS ET LES TISSUS MUSCULAIRES DE SES AILES. DEVENUES INUTILES APRÈS L'ACCOUPLEMENT, ELLES SE SONT DÉTACHÉES AUTOMATIQUEMENT.
DANS LES FOURMILIÈRES DES ESPÈCES PRIMITIVES, ON TROUVE DÉJÀ UN MOIS APRÈS LEUR CONSTRUCTION DES ŒUFS ET, BIEN VITE, DES LARVES.

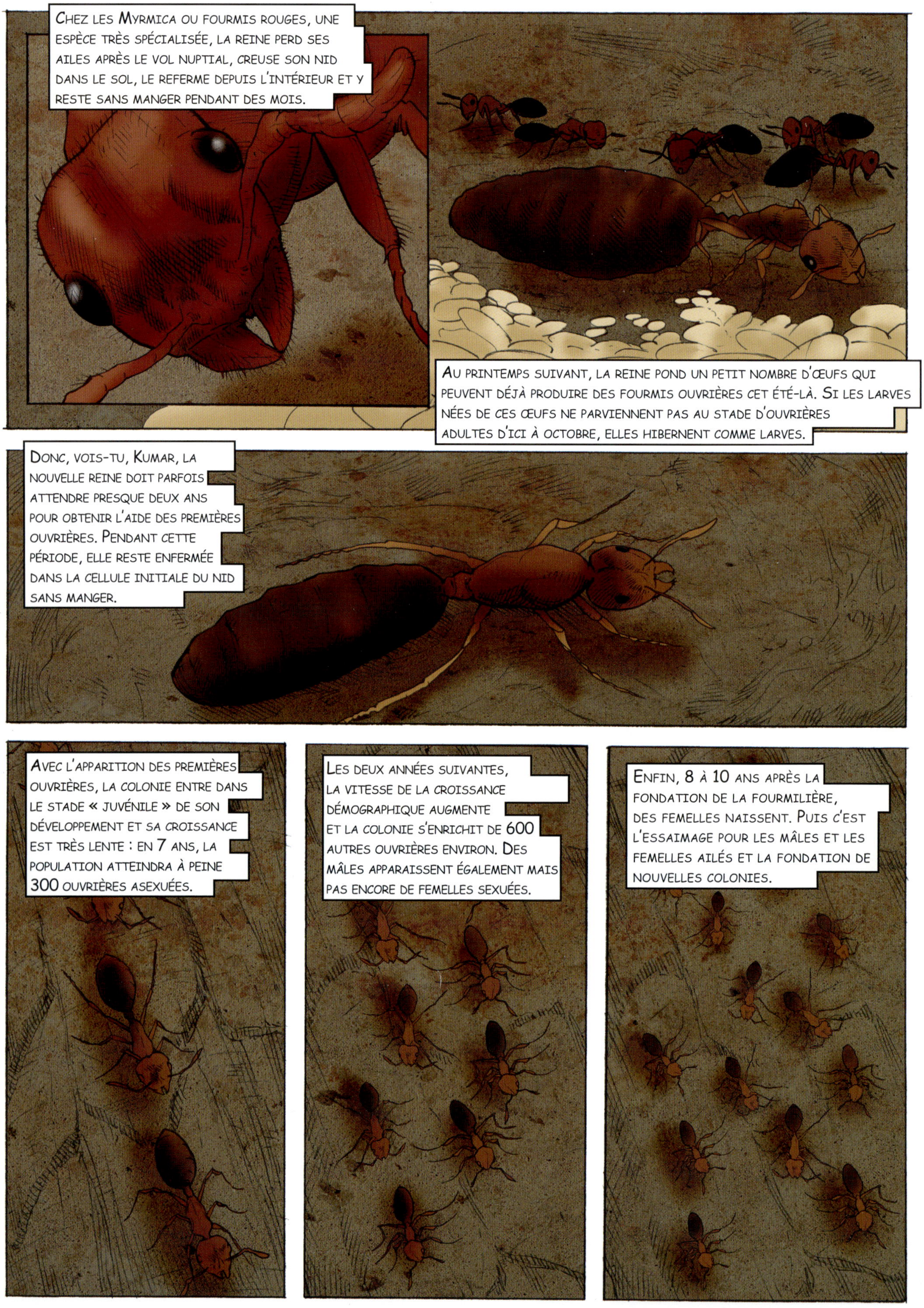
Chez les Myrmica ou fourmis rouges, une espèce très spécialisée, la reine perd ses ailes après le vol nuptial, creuse son nid dans le sol, le referme depuis l'intérieur et y reste sans manger pendant des mois.
Au printemps suivant, la reine pond un petit nombre d'œufs qui peuvent déjà produire des fourmis ouvrières cet été-là. Si les larves nées de ces œufs ne parviennent pas au stade d'ouvrières adultes d'ici à octobre, elles hibernent comme larves.
Donc, vois-tu, Kumar, la nouvelle reine doit parfois attendre presque deux ans pour obtenir l'aide des premières ouvrières. Pendant cette période, elle reste enfermée dans la cellule initiale du nid sans manger.
Avec l'apparition des premières ouvrières, la colonie entre dans le stade « juvénile » de son développement et sa croissance est très lente : en 7 ans, la population atteindra à peine 300 ouvrières asexuées.
Les deux années suivantes, la vitesse de la croissance démographique augmente et la colonie s'enrichit de 600 autres ouvrières environ. Des mâles apparaissent également mais pas encore de femelles sexuées.
Enfin, 8 à 10 ans après la fondation de la fourmilière, des femelles naissent. Puis c'est l'essaimage pour les mâles et les femelles ailés et la fondation de nouvelles colonies.

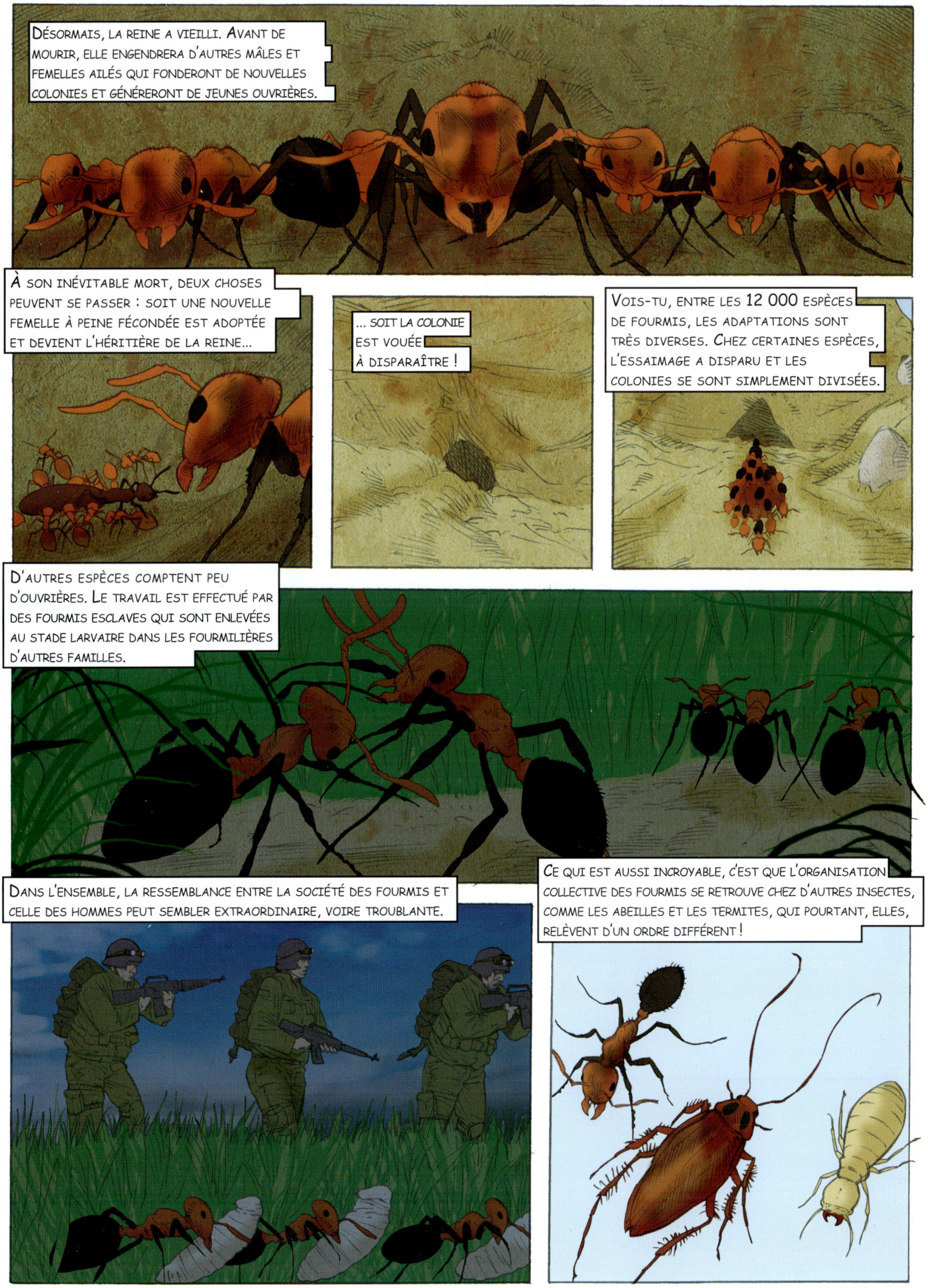
Désormais, la reine a vieilli. Avant de mourir, elle engendrera d'autres mâles et femelles ailés qui fonderont de nouvelles colonies et généreront de jeunes ouvrières.
À son inévitable mort, deux choses peuvent se passer : soit une nouvelle femelle à peine fécondée est adoptée et devient l'héritière de la reine...
... soit la colonie est vouée à disparaître !
Vois-tu, entre les 12 000 espèces de fourmis, les adaptations sont très diverses. Chez certaines espèces, l'essaimage a disparu et les colonies se sont simplement divisées.
D'autres espèces comptent peu d'ouvrières. Le travail est effectué par des fourmis esclaves qui sont enlevées au stade larvaire dans les fourmilières d'autres familles.
Dans l'ensemble, la ressemblance entre la société des fourmis et celle des hommes peut sembler extraordinaire, voire troublante.
Ce qui est aussi incroyable, c'est que l'organisation collective des fourmis se retrouve chez d'autres insectes, comme les abeilles et les termites, qui pourtant, elles, relèvent d'un ordre différent !

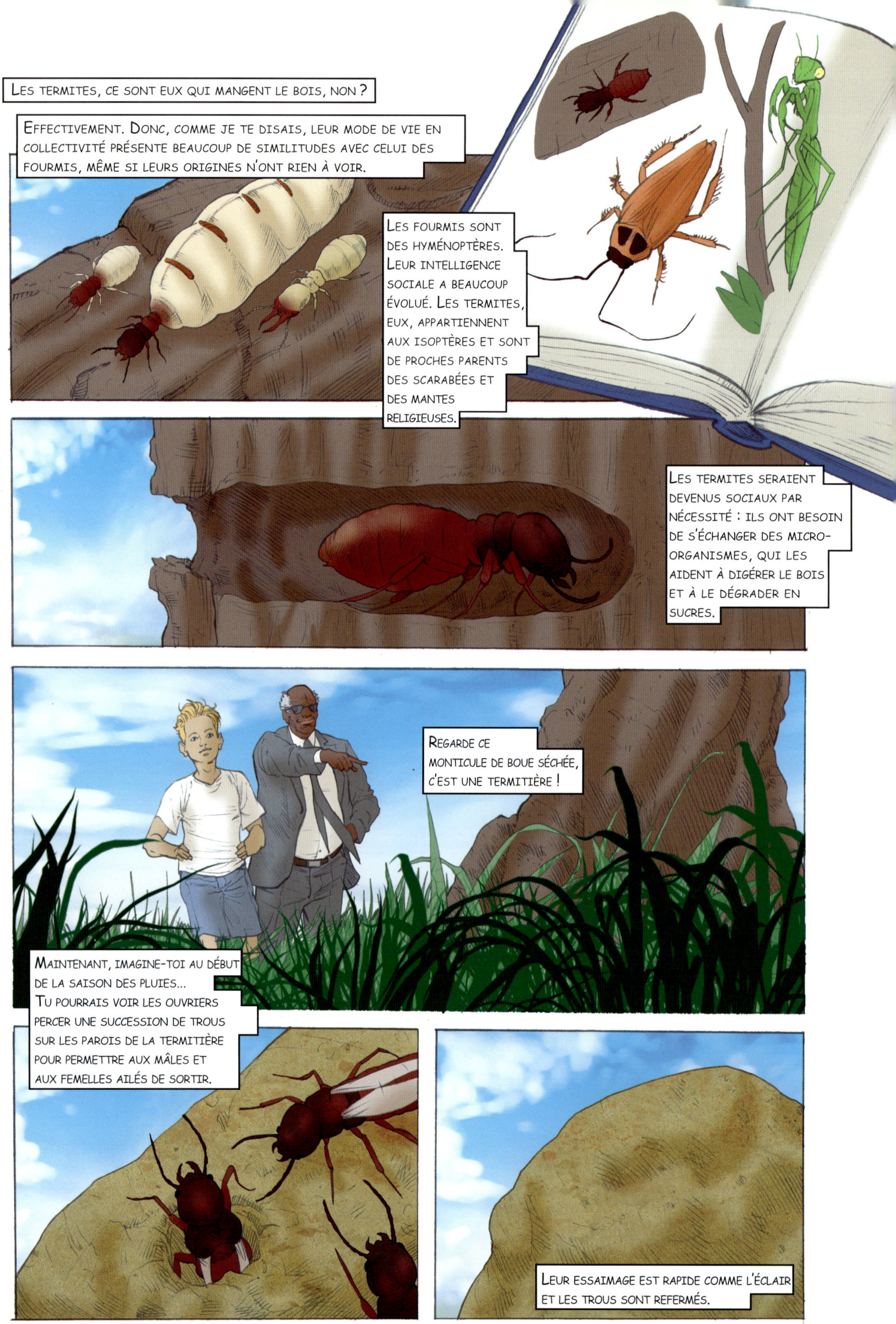

Les termites, ce sont eux qui mangent le bois, non ?
Effectivement. Donc, comme je te disais, leur mode de vie en collectivité présente beaucoup de similitudes avec celui des fourmis, même si leurs origines n'ont rien à voir.
Les fourmis sont des hyménoptères. Leur intelligence sociale a beaucoup évolué. Les termites, eux, appartiennent aux isoptères et sont de proches parents des scarabées et des mantes religieuses.
Les termites seraient devenus sociaux par nécessité : ils ont besoin de s'échanger des micro-organismes, qui les aident à digérer le bois et à le dégrader en sucres.
Regarde ce monticule de boue séchée, c'est une termitière !
Maintenant, imagine-toi au début de la saison des pluies... Tu pourrais voir les ouvriers percer une succession de trous sur les parois de la termitière pour permettre aux mâles et aux femelles ailés de sortir.
Leur essaimage est rapide comme l'éclair et les trous sont refermés.

LES TERMITES AILÉS VOLENT MALADROITEMENT, LA PLUPART D'ENTRE EUX ATTERRISSENT À 50 OU 60 MÈTRES DE LA TERMITIÈRE.
UNE FOIS POSÉS, ILS S'AMPUTENT DE LEURS AILES QUI SE DÉTACHENT LE LONG D'UNE LIGNE DE FRACTURE.
LES MÂLES COMMENCENT ALORS À SE DÉPLACER ET À CHERCHER LES FEMELLES QUI ÉMETTENT DES ODEURS QUE SEULS LEURS PARTENAIRES PEUVENT PERCEVOIR, LES PHÉROMONES.
CHAQUE MÂLE, SOUVENT AVEUGLE, ZIGZAGUE JUSQU'À CE QU'IL TOUCHE UNE FEMELLE AVEC SES ANTENNES.
LE COUPLE COMMENCE AINSI À AVANCER EN TANDEM : LA FEMELLE DEVANT ET LE MÂLE DERRIÈRE. LE MÂLE A COLLÉ SES ANTENNES À L'ABDOMEN DE LA FEMELLE.
APRÈS AVOIR TROUVÉ UN MORCEAU DE BOIS À DEMI ENFOUI, LA FEMELLE SE MET À CREUSER SON NID, AVEC L'AIDE DU MÂLE PARFOIS.

À environ 2,5 cm de profondeur, elle construit une petite chambre de 13 mm de diamètre, le copularium, dans laquelle le couple s'installe, après avoir bloqué le tunnel d'accès avec la terre récupérée en creusant la pièce.

Les partenaires y passeront tout l'hiver sans bouger puis s'accoupleront à l'arrivée du printemps sudafricain, en octobre.
D'octobre à novembre, la reine pond ses premiers œufs qui produiront des ouvriers.
Aux générations suivantes apparaissent les soldats cuirassés...
... et, au bout de 4 ans, naissent enfin les reproducteurs ailés.

Entre-temps, les ouvriers ont construit le célèbre dôme qui sera utilisé, agrandi et amélioré pendant des décennies.

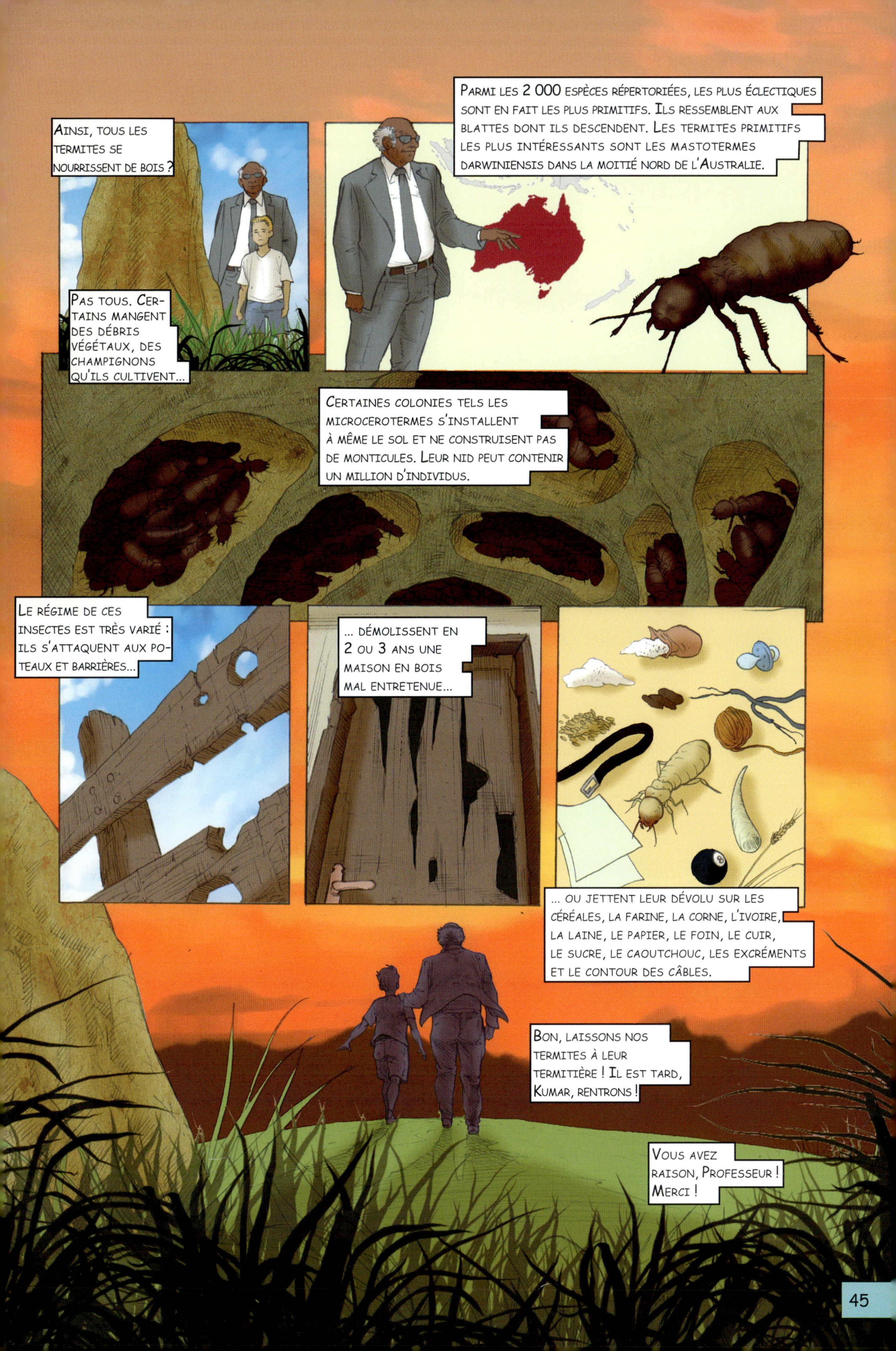
AINSI, TOUS LES TERMITES SE NOURRISSENT DE BOIS ?
PAS TOUS. CERTAINS MANGENT DES DÉBRIS VÉGÉTAUX, DES CHAMPIGNONS QU'ILS CULTIVENT...
PARMI LES 2 000 ESPÈCES RÉPERTORIÉES, LES PLUS ÉCLECTIQUES SONT EN FAIT LES PLUS PRIMITIFS. ILS RESSEMBLENT AUX BLATTES DONT ILS DESCENDENT. LES TERMITES PRIMITIFS LES PLUS INTÉRESSANTS SONT LES MASTOTERMES DARWINIENSIS DANS LA MOITIÉ NORD DE L'AUSTRALIE.
CERTAINES COLONIES TELS LES MICROCEROTERMES S'INSTALLENT À MÊME LE SOL ET NE CONSTRUISENT PAS DE MONTICULES. LEUR NID PEUT CONTENIR UN MILLION D'INDIVIDUS.
LE RÉGIME DE CES INSECTES EST TRÈS VARIÉ : ILS S'ATTAQUENT AUX POTEAUX ET BARRIÈRES...
... DÉMOLISSENT EN 2 OU 3 ANS UNE MAISON EN BOIS MAL ENTRETENUE...
... OU JETTENT LEUR DÉVOLU SUR LES CÉRÉALES, LA FARINE, LA CORNE, L'IVOIRE, LA LAINE, LE PAPIER, LE FOIN, LE CUIR, LE SUCRE, LE CAOUTCHOUC, LES EXCRÉMENTS ET LE CONTOUR DES CÂBLES.
BON, LAISSONS NOS TERMITES À LEUR TERMITIÈRE ! IL EST TARD, KUMAR, RENTRONS !
VOUS AVEZ RAISON, PROFESSEUR ! MERCI !

EN SAVOIR PLUS…

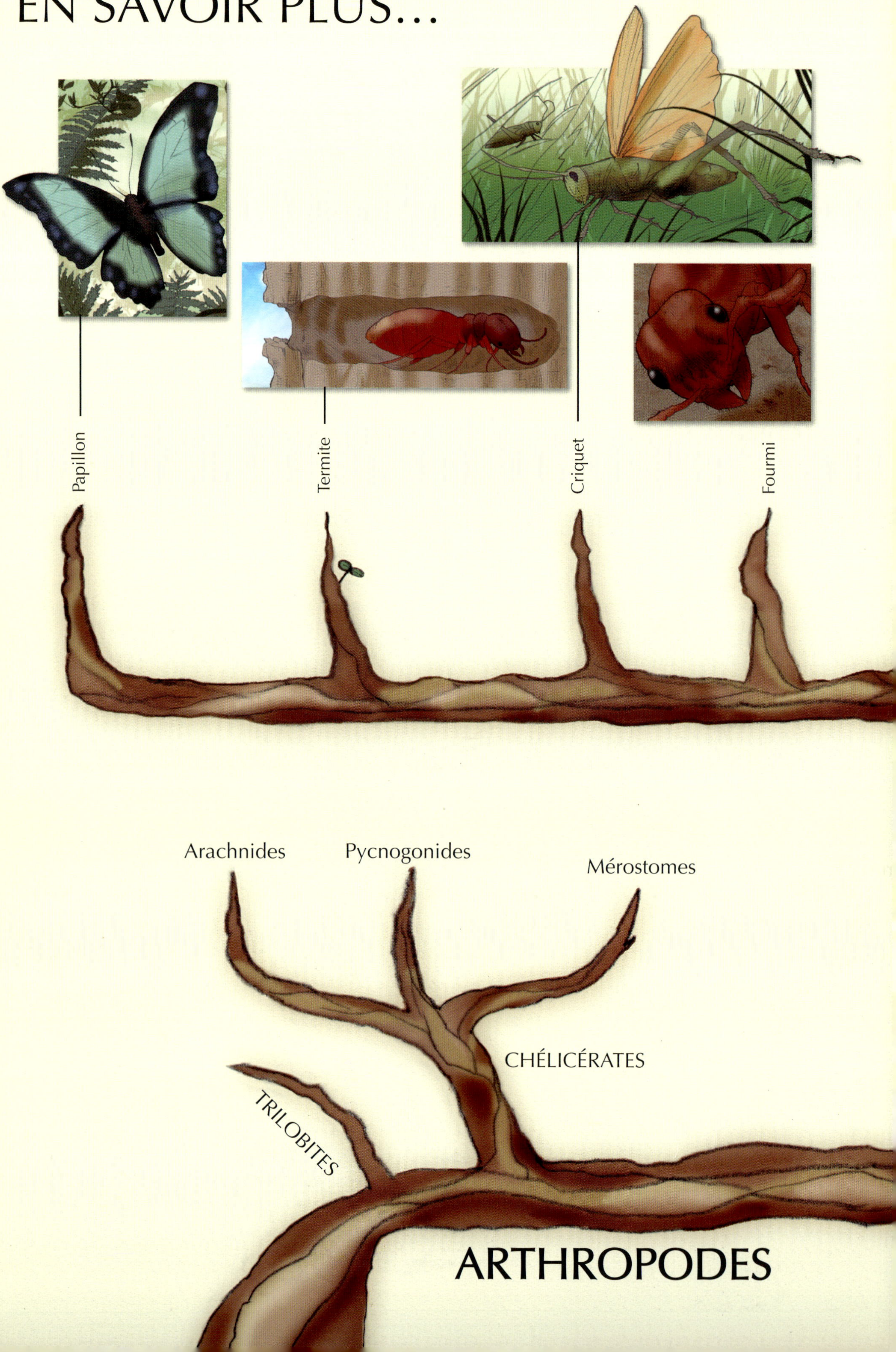

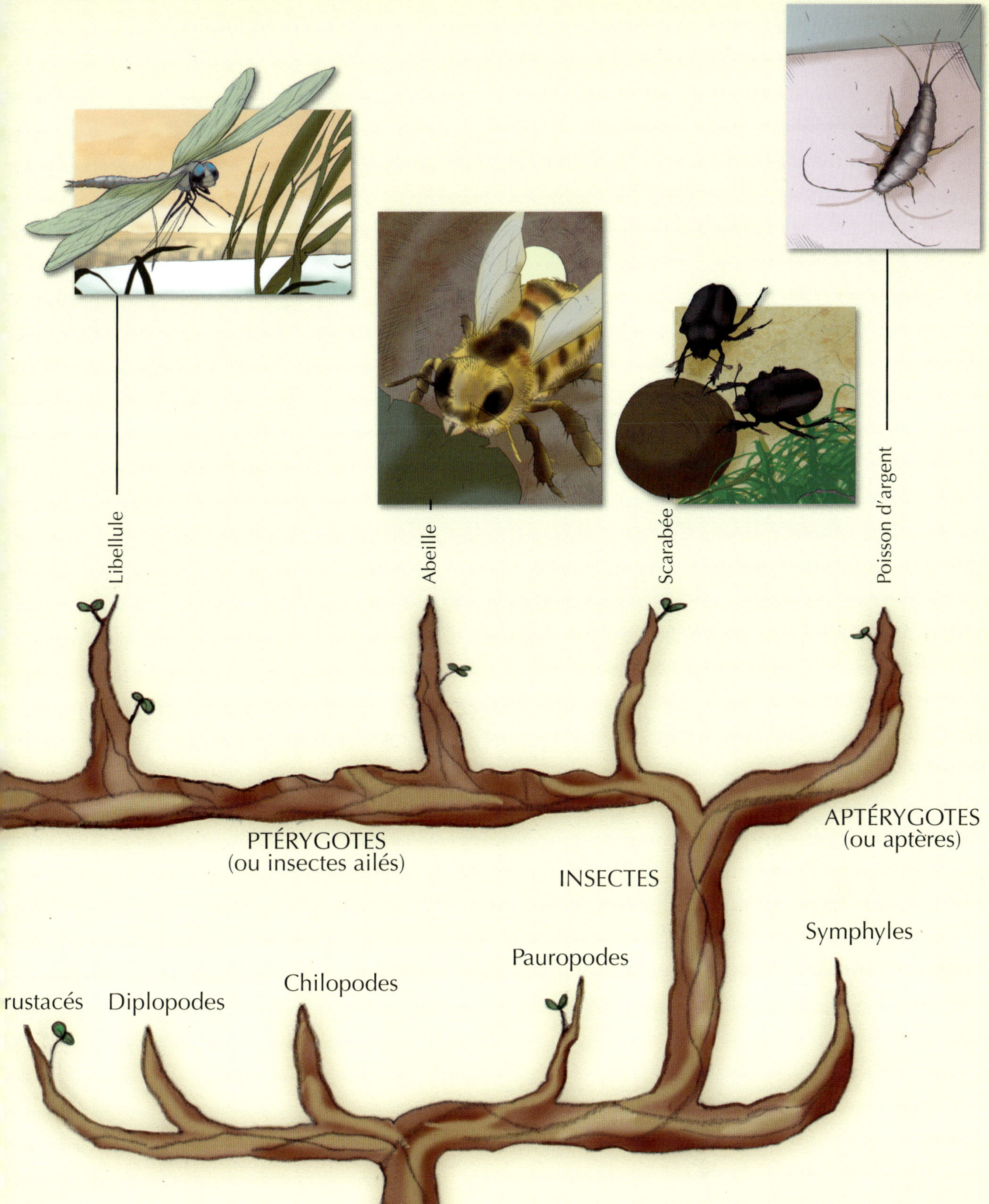
Libellule
Abeille
Scarabée
Poisson d'argent
PTÉRYGOTES
(ou insectes ailés)
APTÉRYGOTES
(ou aptères)
INSECTES
Symphyles
Pauropodes
Chilopodes
rustacés
Diplopodes
MANDIBULÉS

La classe des insectes, qui appartient au grand *phylum* (ou embranchement) des arthropodes, comprend environ un million d'espèces identifiées et probablement entre 10 et 30 millions d'espèces non encore répertoriées. Elle est donc de très loin le plus grand groupe du règne animal, dépassant en nombre toutes les autres espèces réunies. Par ailleurs, le succès des insectes se vérifie par leur présence dans toutes les niches écologiques, par la multitude d'individus que comportent de nombreuses espèces et par les extraordinaires capacités d'organisation et d'aptitude à vivre en société dont font preuve certaines familles. Ce succès s'explique par plusieurs raisons mais la physiologie des insectes y a certainement contribué : un squelette cutané externe, dur et imperméable, l'exosquelette, articulé en segments, une taille réduite, un poids ultraléger et des ailes, qui leur permettent de mieux se disperser, de fuir leurs prédateurs, d'accéder à la nourriture et à un milieu naturel adapté à leur survie.

Leur cycle biologique est un autre élément qui a favorisé le succès des insectes. Ce cycle se subdivise en un long stade juvénile ou larvaire suivi d'une vie d'insecte adulte capable de se reproduire généralement brève. Il est facile de distinguer les insectes des autres classes d'arthropodes

1

2

1. Une guêpe surveille les larves qui grandissent dans les alvéoles de la ruche construite avec une pâte de fibres de bois mâchées.

2. Termitière dans le Parc national de Kakadu, dans le Territoire du Nord, en Australie. Ces constructions résistant au vent, aux pluies tropicales et à la chaleur, qui peuvent atteindre 12 mètres de haut et 40 mètres de profondeur sont occupées par des millions de termites qui construisent et agrandissent leur nid au fil des ans.

3

grâce à leurs trois paires de pattes et, pour la majorité d'entre eux, à leurs deux paires d'ailes reliées au thorax, la partie centrale de leur corps (tête, thorax et abdomen). Leur tête possède une seule paire d'antennes, une paire d'yeux composés et parfois aussi des yeux simples (les ocelles). La bouche des insectes est formée par un ensemble de pièces buccales et d'appendices : le labre ou lèvre supérieure, les mandibules, les maxilles ou mâchoires dotés de palpes maxillaires pour explorer et manipuler la nourriture, et le labium ou lèvre inférieure et ses palpes labiaux. Leur cœur est un vaisseau sanguin dorsal qui pompe le sang ; les échanges gazeux sont assurés par un système complexe d'orifices externes répartis sur toute la surface du corps et reliés à des trachées internes.

Le thorax est divisé en trois segments, chacun se prolongeant par une paire de pattes elles-mêmes articulées en trois parties principales, comme chez les vertébrés : fémur, tibia et tarse. Les pattes des insectes sont d'une façon générale adaptées pour la marche ou la course, mais elles présentent parfois des modifications, afin de permettre à telle ou telle espèce d'effectuer une fonction spécifique supplémentaire : saisir une proie (pattes antérieures des mantes religieuses) ou sauter (pattes postérieures des sauterelles et des grillons) par exemple.

3. Un gerridé ou une « araignée d'eau » glisse sur la surface de l'eau. Le poids ultraléger de cet insecte et les poils hydrofuges de ses pattes lui permettent de se poser sur la surface sans couler. On l'appelle aussi le « patineur de l'eau ».

4. Une sauterelle verte. Ses pattes postérieures caractérisées par un fémur musclé et un tibia long sont le secret de ses longs sauts.

5. Anatomie d'une fourmi mettant en évidence les trois parties du corps des insectes.

4

5

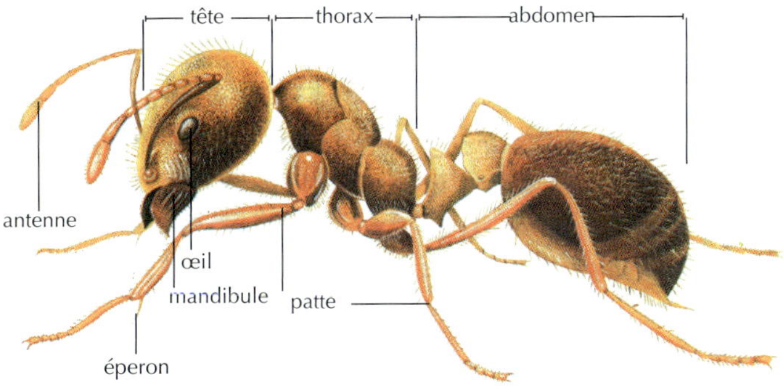

L'abdomen comprend 11 segments chez la lignée primitive des insectes, entre 9 et 10 chez les espèces plus évoluées. Il ne comporte ni pattes ni ailes. En revanche, il se prolonge chez certains insectes par de petits appendices.
Les insectes les plus primitifs, qui remontent au silurien, il y a environ 434 millions d'années, n'avaient pas d'ailes. Ce sont les aptérygotes ou insectes aptères (collemboles, diploures, protoures et thysanoures). Les insectes ailés ou ptérygotes ne sont apparus qu'au carbonifère supérieur, il y a environ 345 millions d'années. Chez les ptérygotes, certains parasites (puces et pucerons) ont perdu leurs ailes au cours de leur évolution ainsi que les mâles ou femelles de quelques groupes et certaines castes assurant un rôle précis chez les espèces vivant en sociétés organisées (fourmis et termites ouvriers par exemple).
Concernant l'origine des ailes, l'hypothèse la plus accréditée avance qu'il s'agirait de plis de la cuticule du thorax, sorte de coussinets, qui auraient permis aux insectes de se tenir droits après avoir effectué un saut. Ces plis se seraient ensuite progressivement développés en appendices permettant de planer puis en véritables ailes fonctionnelles soutenues par des nervures entrecroisées à la manière d'un filet. Les ailes des insectes les plus primitifs sont très réticulées, c'est-à-dire qu'entre leurs nervures principales s'étend tout un réseau de nervures plus fines. Au fur et à mesure de l'évolution, les ailes se sont modifiées et spécialisées en fonction des espèces. Elles ont tendance à présenter moins de nervures, à accroître leur surface, à durcir ou à devenir flexibles. Cela augmente la surface portante des insectes, leur agilité à voler et leur permet de replier leurs ailes. Les coléoptères ont ainsi transformé leurs ailes antérieures en solides élytres, véritables carapaces, sous lesquelles ils replient et camouflent leurs ailes postérieures. Les insectes volent grâce à la contraction de plusieurs muscles : les muscles principaux déclenchent les battements de l'aile de haut en bas et les muscles secondaires assurent la propulsion et l'élévation en tordant les ailes afin de contrôler et d'inverser leur angle.

6

7

8

6. Fossile d'insecte piégé dans l'ambre. Après avoir perlé de l'écorce d'un conifère d'une ère préhistorique, une goutte de résine a enveloppé ce fossile, le conservant parfaitement jusqu'à notre époque.

7. Un coléoptère prend son envol en dépliant ses ailes postérieures cachées sous ses solides élytres protecteurs.

8. Un phasme, Bacille de Rossi, imitant à la perfection les brindilles qui l'entourent.

*9. Une mante religieuse (*Mantis religiosa*) dévore une grosse araignée en la maintenant avec ses pattes antérieures aux épines acérées. La position de repos de cet insecte (pattes repliées devant la tête) évoque une personne en prière.*

Les insectes qui volent le plus vite sont les taons des bœufs (*Hippobosca equina*) et les papillons *Macroglossum* ou moro-sphinx qui peuvent atteindre 50 km/h et faire du surplace comme les colibris. En ce qui concerne le nombre de battements, le record revient aux mouches domestiques avec 330 battements à la seconde. Ces animaux, qui ne possèdent pas de système de régulation de la température de leur corps et de réchauffement de leur sang, peuvent accomplir de telles prouesses en s'exposant au préalable au soleil puis en générant de la chaleur par leurs mouvements.

La classe des insectes a fait preuve d'adaptations à chaque type de régime alimentaire. Les parties de la bouche ou pièces buccales des différents ordres et familles d'insectes se sont ainsi transformées pour couper, broyer, sucer, perforer les tissus végétaux et animaux. Ces pièces buccales présentent donc de fortes variations d'une famille à l'autre, suivant les modes d'alimentation. Ainsi, par exemple, les insectes relevant de la catégorie « coupeurs/broyeurs » vont avoir tendance à présenter des mandibules plus puissantes et acérées ; chez les insectes du type « lécheurs/suceurs », l'appareil buccal s'est modifié en se dotant d'une trompe ; chez les « piqueurs/suceurs », il se prolonge par un tube fin comme une aiguille ou un rostre.

Les glandes salivaires des insectes fabriquent des enzymes digestives qui sont mélangées à la nourriture avant qu'elle ne soit avalée. Ces glandes peuvent produire d'autres types spécifiques de sécrétions : du mucus, des molécules servant à l'inoculation du venin, des anticoagulants, des agglutinines et un antigène provoquant des réactions inflammatoires semblables à l'effet d'une piqûre de moustique sur un homme. De nombreuses espèces comme les poux, les puces, les punaises et certaines familles de mouches et moustiques ne se nourrissent plus que de sang. Certaines puces et mouches font même grandir leurs larves à l'intérieur des tissus vivants des vertébrés.

L'appareil circulatoire des insectes est essentiellement composé d'un vaisseau sanguin dorsal qui bat et joue le rôle de cœur en propulsant l'hémolymphe, sorte de sang incolore, jaune ou verdâtre généralement dépourvu

9

10

11

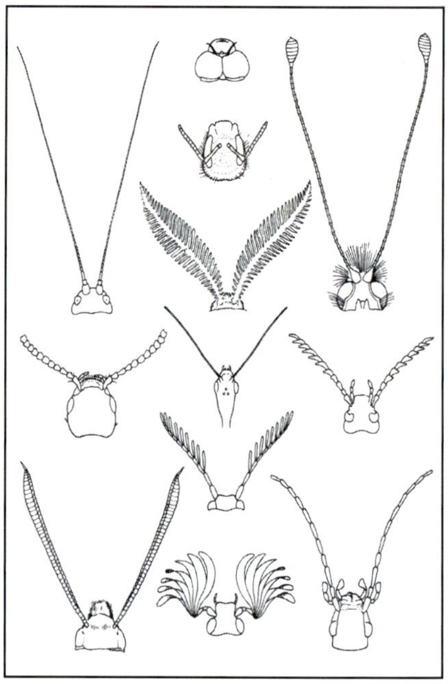

d'agents coagulants. Les blessures des insectes sont néanmoins traitées par des phagocytes, des cellules qui détruisent et ingèrent les bactéries qui ont franchi les barrières naturelles de la cuticule de l'exosquelette.

La régulation osmotique du sang ne se fait pas par l'intermédiaire des ions comme chez de nombreux autres animaux mais par des molécules organiques, notamment les acides aminés libres. Les insectes respirent au moyen d'un système de tubes internes, les trachées, reliés à des pores externes, les spiracles, placés de chaque côté du thorax et de l'abdomen. Les plus grosses trachées sont renforcées par des anneaux de cuticule. Les plus petites trachées, les trachéoles, se ramifient jusqu'aux tissus des différents organes, comme les capillaires sanguins des vertébrés, assurant leur alimentation en oxygène et le rejet du gaz carbonique. L'oxygène est diffusé sous forme de gaz et de façon passive dans les trachées des espèces plus petites. Chez les espèces aériennes plus grosses ou les espèces actives, l'insecte accompagne la circulation de l'air par des mouvements ventilatoires régis par des muscles reliés aux trachées. Les insectes minuscules comme les collemboles et les protoures ne possèdent pas de trachées ; leurs échanges gazeux s'effectuent à travers la surface de leur corps.

Le système nerveux des insectes est identique à celui des arthropodes. Il est composé d'une double chaîne nerveuse ventrale parcourant toute la longueur du corps et reliée à un ganglion cérébral composé de trois parties. Ce « cerveau », en apparence minuscule, est parfaitement adapté aux exigences de ses petits propriétaires et même à la vie complexe des espèces vivant en communautés. Les organes des sens, à l'exception des yeux, sont répartis sur tout le corps mais les sens sont particulièrement développés au niveau des antennes et des ailes. Grâce à eux, les insectes sont capables de ressentir les vibrations sur le sol, les courants de l'air et de l'eau ou la position de leur corps dans l'espace. L'ouïe est évidemment plus largement développée chez les espèces dotées d'organes leur permettant d'émettre des sons, comme les criquets, les grillons et les cigales. Les yeux composés sont situés sur les côtés de la tête. Leurs différentes facettes, les ommatidies, sont plus grosses chez les insectes nocturnes que chez les diurnes, et leur nombre diminue chez les insectes cavernicoles qui vivent dans l'obscurité.

*10. Gros plan sur une mouche domestique (*Musca domestica*). Les yeux de cet insecte placés sur les côtés de sa tête et composés de milliers de facettes le dotent d'une vision à 360 degrés.*

11. Petit aperçu de l'immense variété d'antennes présentes sur la tête des insectes.

12. Couple de libellules pendant l'accouplement. Par une pince située à l'extrémité de son abdomen, le mâle maintient la femelle par la nuque. La femelle incurve alors son abdomen pour atteindre les organes reproducteurs du mâle.

13. Un coléoptère aux couleurs magnifiques – il ressemble à un tableau abstrait – pond sur le bouton d'une fleur.

*14. Un couple de bousiers (*Geotrupes stercorarius*) pousse vers leur galerie la boulette d'excréments dans laquelle leurs œufs seront pondus.*

12

13

14

Le mode de reproduction des insectes est intéressant, car il est comparable dans ses grandes lignes à celui des vertébrés. Dans de nombreux ordres d'insectes, les mâles sont eux aussi dotés d'appendices leur permettant de saisir et de maintenir les femelles par l'abdomen pour l'accouplement. Les mâles de plusieurs espèces regroupent leurs spermatozoïdes dans des petits sacs spéciaux, les spermatophores, et les déposent dans le milieu naturel, à proximité ou à l'intérieur du corps de la femelle, qui les récupère et les utilise pour la fécondation. D'autres insectes ne s'accouplent qu'une seule fois dans leur vie, mais les spermatozoïdes transmis à la femelle et gardés « en réserve » dans un liquide nutritif peuvent lui permettre de pondre des œufs longtemps après l'accouplement et la mort du mâle.

15

16

D'une manière générale, les œufs des insectes ne donnent pas naissance à des adultes en miniature mais à des juvéniles qui peuvent leur ressembler sauf qu'ils n'ont qu'une ébauche d'ailes, voire pas d'ailes ou de pattes du tout (insectes hémimétaboles). Des larves peuvent également sortir des œufs : elles ont alors une morphologie et une physiologie complètement différentes des adultes et évolueront dans d'autres niches écologiques (insectes holométaboles). Parmi les insectes hémimétaboles, on compte les criquets et sauterelles, les punaises, les grillons, les blattes et les termites ; chez les holométaboles se trouvent les papillons, les coléoptères, les mouches, les abeilles et les fourmis.

Les insectes hémimétaboles ne connaissent pas de métamorphoses à proprement dit ; ils se rapprochent progressivement de la morphologie et de la taille de l'adulte et subissent une série de mues au fur et à mesure qu'ils grandissent et grossissent. Chez les insectes holométaboles, la larve grandit pendant des mois ou des années puis cesse de se nourrir, s'immobilise et prend l'état de nymphe, de chrysalide ou de pupe suivant les familles. Elle se réfugie alors dans la plupart des cas dans une enveloppe ou un cocon pour subir de grandes transformations avant de ressortir en insecte parfaitement formé, l'imago. C'est une véritable nouvelle naissance et l'imago ne gardera aucun souvenir du premier cycle de sa vie, comme cela a été prouvé par de très intéressantes expériences. L'écologie de l'imago diffère totalement de celle de la larve qui l'a précédé et sa durée de vie est généralement beaucoup plus courte. Certaines cigales connaissent par exemple des stades juvéniles de dix-sept ans suivis d'une vie d'adulte qui ne dure que quelques mois et est uniquement consacrée à la reproduction. La vie de l'éphémère est encore plus courte : le stade d'imago ne dure que le temps nécessaire pour s'accoupler et pondre des œufs, soit 1 ou 2 jours pendant lesquels elle n'a ni le temps ni la possibilité de s'alimenter.

15. Un papillon sort de son cocon, prêt pour la dernière et brève phase de son cycle de vie.

16. Une cigale mue. Quand l'insecte a grossi et grandi et que son exosquelette devient trop petit, celui-ci se déchire et libère l'insecte recouvert d'une nouvelle enveloppe.

*17. Une chenille de Machaon ou grand porte-queue (*Papilio machaon*), stade larvaire du papillon du même nom.*

18. Une grosse ruche d'abeilles en cire dans un arbre à Canberra (Australie).

17

18

L'avantage d'une vie passée en grande partie au stade juvénile ou larvaire est de pouvoir bénéficier d'habitats et de niches écologiques divers après chaque mue ou entre le stade larvaire et le stade adulte. Tel est le cas par exemple de la chenille, qui se nourrit de feuilles dans une zone restreinte, et du papillon qu'elle deviendra, qui se nourrit de nectar en parcourant des distances importantes grâce à sa capacité de voler. Certaines familles d'insectes vont encore plus loin et présentent une succession de générations capables de se reproduire de façons variées et de vivre dans des conditions environnementales diverses. Le meilleur exemple de ces cycles de reproduction insolites est donné par les minuscules pucerons de l'ordre des Aphididés. Leurs œufs fécondés et pondus en automne restent au même endroit pendant tout l'hiver et donnent naissance au printemps uniquement à des femelles non ailées qui se reproduisent par parthénogenèse, c'est-à-dire qui pondent des œufs sans la contribution des mâles. Toute une série de cycles de reproduction par parthénogenèse a lieu pendant l'été jusqu'à ce qu'à l'automne naisse une génération bisexuée composée de mâles et de femelles qui s'accouplent et pondent des œufs fécondés destinés à résister à l'hiver et à éclore au printemps. Et le cycle recommence…

Une des caractéristiques les plus extraordinaires de la classe des insectes est leur organisation sociale qui n'a pas d'équivalent chez les autres groupes d'animaux, si ce n'est dans l'ordre des primates avec l'espèce humaine.

19

20

21

On ne peut pas dire que la vie sociale n'existe pas chez les autres animaux mais, dans aucune famille, l'organisation sociale n'arrive à la hauteur de l'intelligence collective des fourmis, des abeilles, des guêpes et des termites. Afin de limiter au maximum la concurrence au sein de l'espèce, ces familles en sont arrivées à centraliser la reproduction et à répartir les tâches à accomplir au sein de la communauté entre les différentes castes ou à les échelonner au cours des différentes étapes de leur vie. La répartition par castes caractérise les termites chez lesquels on rencontre une reine mère, une caste d'ouvriers et une caste nettement distincte de soldats dont la tête énorme est armée de mandibules acérées ou d'une trompe. Dès qu'un trou est percé sur les parois de la termitière, ils défendent leur territoire en agitant leurs mandibules proéminentes ou en projetant du venin par leur trompe. L'échelonnement au cours des étapes de la vie est typique des abeilles. Au cours de leur brève existence, les abeilles doivent en effet accomplir diverses tâches : soin des alvéoles et des larves, défense, récolte du nectar et du pollen, et fabrication du miel et de la gelée royale. On trouve des modes d'organisation intermédiaires chez certaines espèces de fourmis qui ont une caste d'ouvrières armées comme des soldats capables de combattre avec vigueur et efficacité. En plus de leur intelligence collective, sans aucun doute largement supérieure à celle de l'homme, ces insectes sociaux font preuve d'un certain niveau de technicité, nettement inférieur cependant à celui de notre espèce.
Enfin, il est important de rappeler l'immense impact des insectes sur notre économie. Il ne s'agit pas uniquement de souligner la contribution qu'apportent les espèces domestiques à notre vie quotidienne comme les abeilles à miel, les vers à soie et les mouches du vinaigre, mais surtout d'évoquer l'action d'un grand nombre d'autres espèces sur l'agriculture.

22

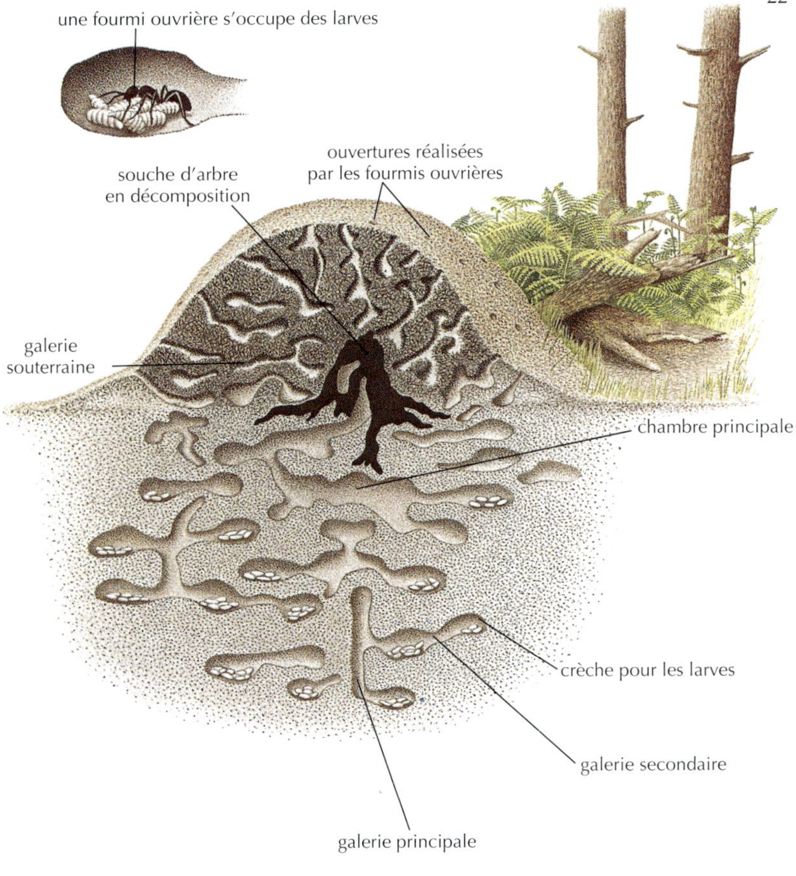

19. Un termite soldat à l'énorme tête cuirassée et aux mandibules proéminentes chargé de défendre le nid.

20. Fourmis ouvrières au travail. Cette caste s'occupe de la construction de la fourmilière et de l'approvisionnement en nourriture.

21. Au printemps, quand la population de la ruche a augmenté, une partie de la colonie guidée par la reine mère migre à la recherche d'un lieu pour construire un nouveau nid : une reine plus jeune prendra sa place dans l'ancienne ruche.

22. Coupe transversale d'une grande fourmilière. La majeure partie du nid se trouve sous le sol, à l'abri.

23

24

Les criquets, les charançons du blé, les doryphores de la pomme de terre et autres coléoptères spécialisés, les mouches de l'olive, les pucerons et tant d'autres insectes survivent aux dépens du travail humain. D'autres espèces comme les mouches et les blattes contaminent la nourriture et répandent les germes en se posant sur elle.

D'autres, enfin, comme les taons, les moustiques, les puces, les poux et les punaises ne sont pas uniquement des parasites nuisibles mais transmettent aussi de graves maladies. À côté de ces ennemis de l'homme, il existe également chez les insectes des auxiliaires désintéressés capables de chasser d'autres insectes ravageurs de vastes zones et de défendre les forêts contre les attaques des insectes herbivores. Tel est le cas des coccinelles, qui mangent les pucerons, des fourmis et des coléoptères carnivores. Enfin, les insectes accomplissent une tâche fondamentale dans les cycles biologiques en assurant la pollinisation d'un grand nombre de plantes dont certaines sont comestibles. En conclusion, cette classe est probablement la classe principale de tout le règne animal et celle qui contribue à maintenir les équilibres actuels de notre planète, même s'ils sont plus ou moins précaires.

23. Une abeille prélève le nectar d'une fleur. En transportant d'une corolle à l'autre le pollen collé à leur duvet, ces insectes jouent un rôle fondamental dans le cycle de reproduction de nombreux végétaux.

*24. Un scarabée rhinocéros mâle (*Oryctes nasicornis*), doté d'une corne céphalique recourbée semblable à celle du grand mammifère africain dont il porte le nom. Sa corne est placée à l'extrémité de sa tête et ce qu'on pourrait prendre pour sa tête est en réalité son thorax.*

25. Cocons de vers à soie prêts à être exploités dans une soierie à Dalat, au Vietnam.

26. Une coccinelle dévore les pucerons grimpés sur une tige.

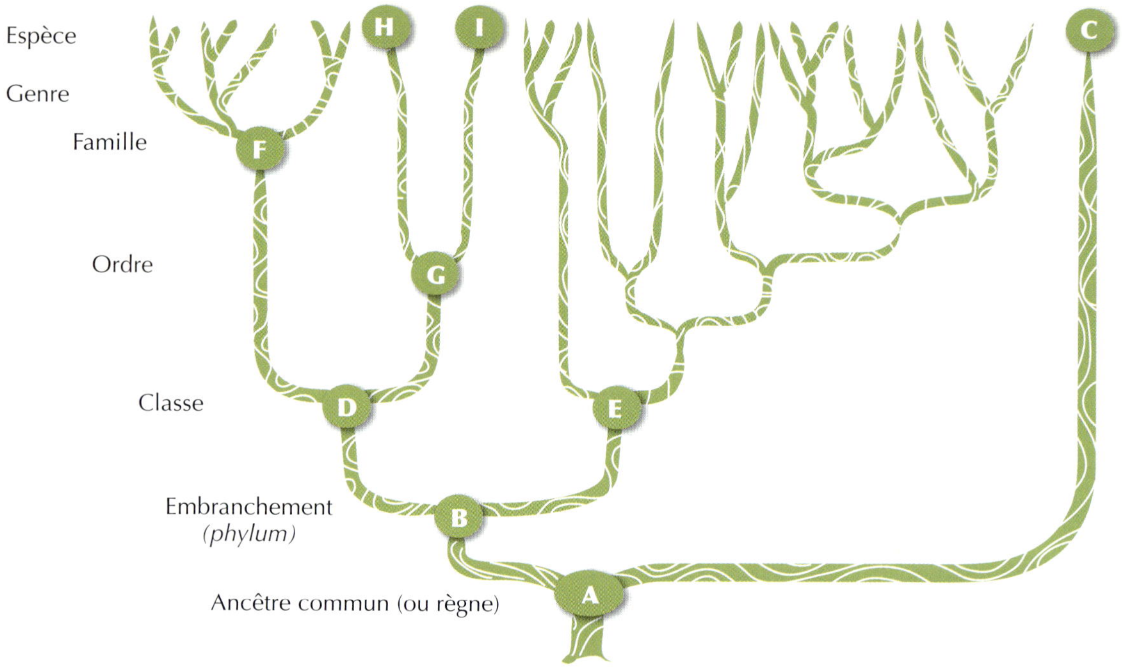

GLOSSAIRE

Ailes réticulées : ailes parcourues transversalement par des nervures principales donnant naissance à des nervures plus fines. L'ensemble forme un réseau en filet.

Agglutinine : anticorps présent dans certains groupes sanguins capable de détruire des antigènes (bactérie, microbe…) appartenant à un groupe différent en les réunissant en amas au cours d'une réaction appelée l'*agglutination*.

Acides aminés : composés chimiques, éléments de base des protéines.

Antigène : molécule (une protéine le plus souvent) reconnue comme étrangère ou dangereuse par le système immunitaire qui la combat par la production d'anticorps comme l'agglutinine.

Appendice : organe accessoire relié à un segment principal du corps de l'insecte.

Arthropode : animal appartenant au phylum *Arthropoda*, qui comprend en plus des insectes, les mille-pattes, les scolopendres, les araignées, les scorpions, les acariens, les crabes, les crustacés et d'autres groupes mineurs.

Phagocyte : cellule capable de défendre l'organisme contre l'attaque de micro-organismes porteurs de maladies qui ont réussi à s'introduire dans le corps. Au cours d'un processus appelé phagocytose, le phagocyte englobe et ingère la substance étrangère indésirable, entraînant sa destruction totale.

Enzyme : protéine capable d'accélérer considérablement une réaction chimique. Le fonctionnement de tout organisme vivant est assuré par des milliards d'enzymes dédiés à des réactions particulières.

Glande : organe dont la fonction consiste à sécréter des substances vers l'extérieur du corps (glandes exocrines produisant la sueur, le lait maternel, etc.) ou dans le sang (glandes endocrines produisant les hormones).

Habitat : ensemble de paramètres physiques qui permettent la vie d'un organisme ou d'une communauté déterminée. Exemple : l'habitat forestier.

Ion : atome ou molécule doté(e) d'une charge électrique.

Juvénile : stade du développement d'un insecte hémimétabole après l'éclosion de l'œuf. Il se caractérise par un développement progressif à travers une série de mues, sans véritable métamorphose. Les juvéniles ressemblent aux adultes, sauf que leurs ailes ne sont qu'une ébauche.

Larve : stade du développement d'un insecte holométabole après l'éclosion de l'œuf. La larve grandit et grossit, avant de connaître le stade de nymphe, chrysalide ou pupe, au cours duquel elle se métamorphose complètement pour devenir un imago ou adulte sexuellement mâture. Les larves ne ressemblent souvent pas du tout à leur forme adulte.

Niche écologique : ensemble de caractéristiques qui définissent la place et le rôle d'une espèce dans un écosystème : habitat, alimentation, rythme d'activités, liens et concurrence avec les autres espèces, conditions de reproduction etc.

Nymphe, chrysalide ou pupe : stades au cours desquels un insecte holométabole subit une métamorphose complète et passe de l'état de larve à l'état d'imago (adulte).

Phytophage : animal qui se nourrit de substances végétales.

Régulation osmotique : processus par lequel un organisme maintient le contrôle sur sa pression osmotique interne (pression dérivant de la concentration de sels) même dans un milieu dans lequel la pression osmotique est différente.

Spermatozoïde : cellule sexuelle mâle comportant généralement une flagelle (queue) et se déplaçant très rapidement.

Trachées : chez les insectes, petits tubes servant aux échanges gazeux. Ces tubes multiples reçoivent l'air par des orifices placés sur la surface de l'exosquelette, les spiracles. Ils se ramifient ensuite pour alimenter en oxygène tous les tissus.

L'évolution des animaux au cours des 650-600 derniers millions d'années

Ère	Époque		Principaux événements
Quaternaire (1,5)	Quaternaire	1,5	
Tertiaire ou Cénozoïque	Pliocène	7	Apparition de l'homme
	Miocène	26	
	Oligocène	38	
	Éocène	54	Différenciation des mammifères et des oiseaux
(6,5)	Paléocène	65	Évolution des primates Évolution des placentaires
Secondaire ou Mésozoïque	Crétacé	136	Extinction des dinosaures Évolution des oiseaux
	Jurassique	195	Premiers oiseaux Premiers mammifères
(225)	Trias	225	Déclin des amphibiens
Primaire ou Paléozoïque	Permien	280	Premiers reptiles
	Carbonifère	345	Évolution des amphibiens
	Dévonien	395	Évolution des poissons
	Silurien	435	Ostracodermes
	Ordovicien	500	Premiers vertébrés
(570)	Cambrien	570	Premiers invertébrés
Archéozoïque (Il y a des millions d'années)	Précambrien		Organismes pluricellulaires